Gérard Depardieu

Ma cuisine

ÉDITIONS
FRANCE
LOISIRS

Édition du Club France Loisirs
avec l'autorisation des éditions
Zabert Sandmann
© 2004 France Loisirs,
123, boulevard de Grenelle, Paris
www.france-loisirs.com

ISBN : 2-7441-7596-X
N° éditeur : 42211
dépôt légal : mars 2005

Direction artistique	Georg Feigl
Photographies	Nicolas Bruant, Jeremy Mathur
Stylisme	Sandrine Giacobetti
Textes	Karen Howes
Recettes	Laurent Audiot, Danièle de Yparraguirre
Rédaction	Irène Barki
Fabrication	Karin Mayer, Peter Karg-Cordes
Photogravure	inteca Media Service GmbH, Rosenheim
Impression & reliure	Mohn Media · Mohndruck GmbH, Gütersloh

Gérard Depardieu
Ma cuisine

Photographies:
Nicolas Bruant

Textes:
Karen Howes

ÉDITIONS
FRANCE
LOISIRS

« Le repas familial gagné et offert par le père, préparé par la mère, reste le lien essentiel où se matérialisent pour l'enfant ces images du père et de la mère, sans lesquelles un être n'a pas de solidarité intérieure, et une société cesse de bâtir une civilisation. Au nom d'une science, parfois douteuse et fluctuante, il ne faut pas supprimer le long et prestigieux passé d'un artisanat, qui créa nos fromages, nos vins, nos charcuteries .... »

J. Trémolière
Encyclopaedia Universalis vol. I

Sommaire

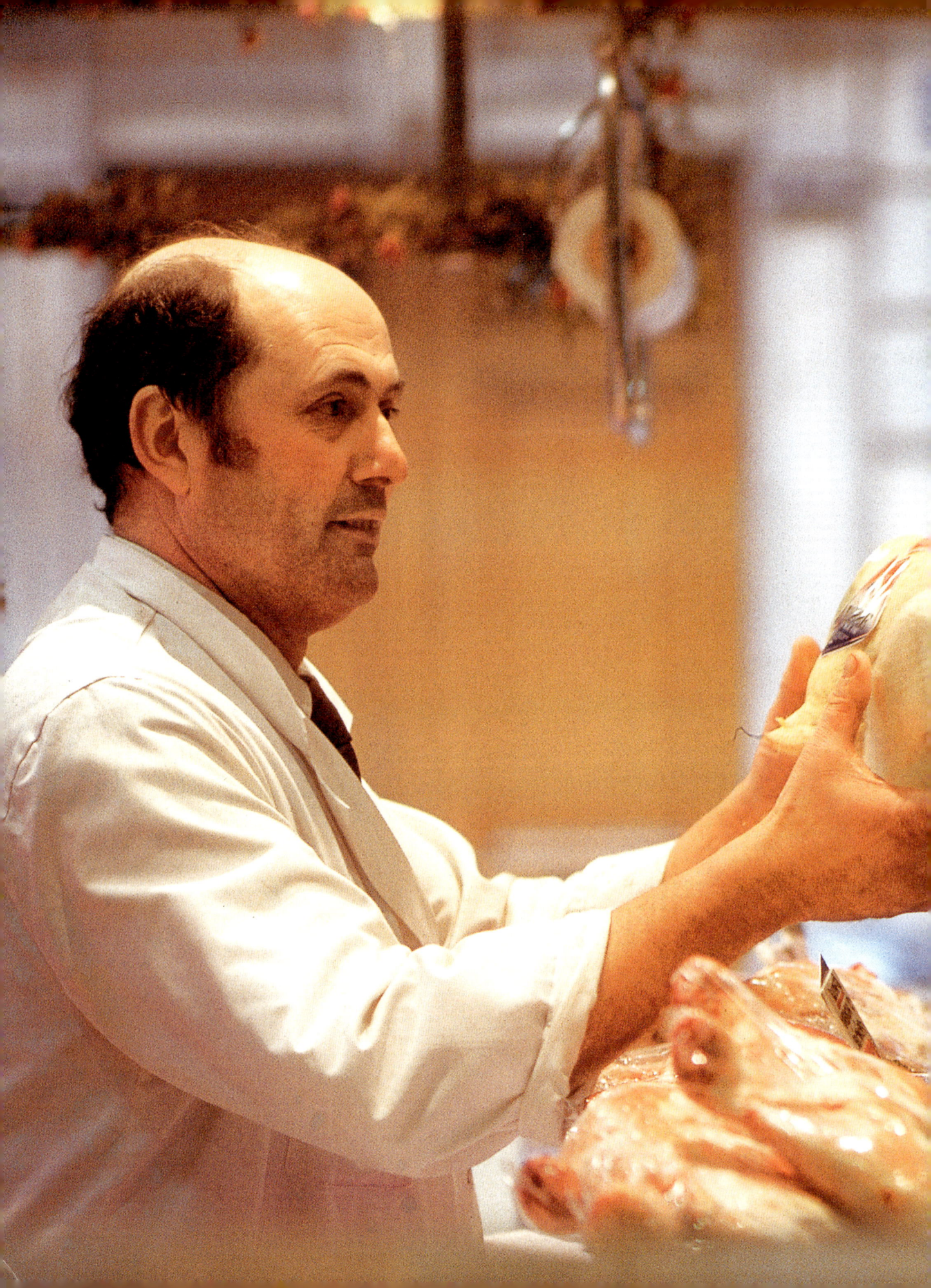

MA PHILOSOPHIE DE LA CUISINE

Avant tout, je suis un sensuel. Toute ma vie, je me suis senti en harmonie avec la nature, j'ai toujours été réceptif à la diversité de ses sons et de ses odeurs, profité avec reconnaissance de son extraordinaire abondance de goûts et de saveurs. J'ai apprécié sa beauté comme sa fragilité, et j'ai puisé en elle de la force et du réconfort.

J'éprouve encore aujourd'hui le plaisir intense que j'ai connu quand, enfant, je marchais pieds nus après la pluie à travers champs. En fermant les yeux, j'arrive à distinguer les différentes odeurs de la campagne : la fragrance fraîche de la menthe sauvage, l'odeur d'humus d'une colonie de champignons dans un pré humide de rosée, l'odeur sèche, un peu poussiéreuse, d'un hectare de maïs mûr, ou le relent musqué laissé par le passage d'un renard.

J'adore toucher à mains nues. Je préfère manger avec les doigts plutôt qu'avec des couverts, pour sentir immédiatement la tendreté de la viande ou le croquant d'un légume. Curieusement, un aliment que j'ai touché me paraît meilleur au goût.

Je prends le temps de regarder autour de moi, d'observer, pas seulement les gens mais aussi mon environnement, et ce n'est pas nécessairement la beauté qui attire mon regard.

De tous les sens, le goût est peut-être pour moi le plus complexe, qu'il s'agisse d'essayer quelque chose de nouveau ou de redécouvrir une saveur oubliée. Et, là encore, j'y associe une sensation auditive. Parfois il me suffit d'entendre le début d'une histoire pour imaginer la suite. Chacun des sens a son propre pouvoir d'évocation. J'aime entendre le bouillonnement d'une soupe dans une marmite qui chauffe à petit feu, ou le son du vin versé dans un verre en cristal.

La terre produit tout ce dont nous avons besoin pour vivre. Les céréales, les légumes, les fruits, l'herbe pour le bétail, les bois et les forêts où les animaux trouvent leur propre nourriture. Comme toutes les créatures vivantes dans le monde, elle a besoin d'eau et de lumière pour survivre. Tout est lié. Lorsque la terre souffre, il en est de même pour les animaux, et pour nous, qui consommons leur chair.

Chacun de nous, à sa façon, est un chef cuisinier

Écrire un livre de cuisine est un défi d'un genre particulier, il ne s'agit pas simplement de faire connaître des recettes jusqu'ici inédites. Ce que je veux, c'est raconter les histoires qui se cachent derrière ces recettes. Souligner l'importance des ingrédients, bien sûr, mais aussi des individus qui élèvent les animaux, qui font le pain et le fromage, qui cultivent les fruits et soignent les vignes. Ils font leur métier avec fierté, et je m'attache toujours à comprendre et à mieux connaître cet élément humain essentiel à la qualité de ce que nous mangeons.

La personne qui fait la cuisine, à la maison ou au restaurant, joue un rôle primordial, car sa disposition d'esprit — sa bonne ou mauvaise

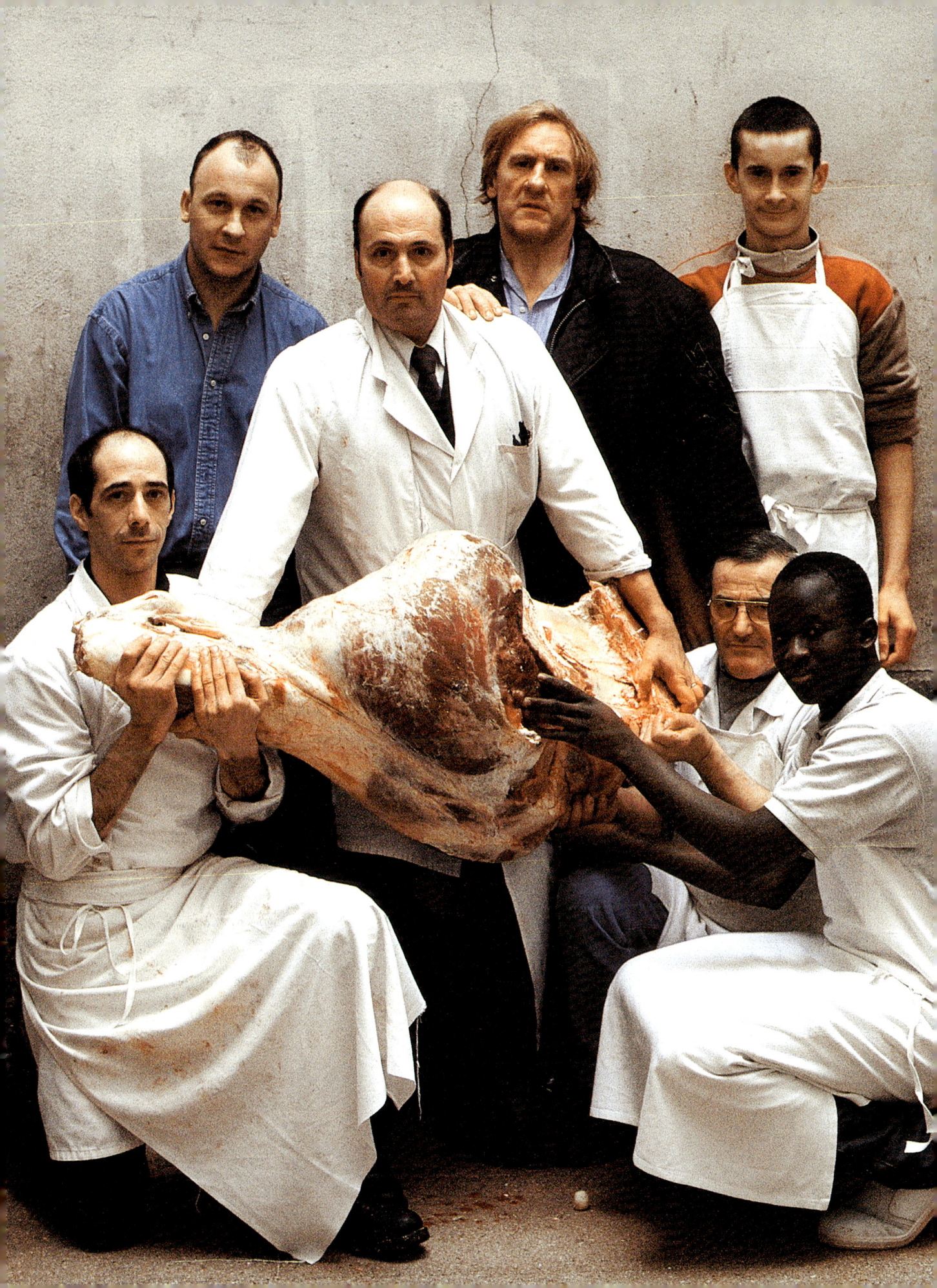

humeur — influera au final sur le goût du repas. Nous savons tous cuisiner, mais bien cuisiner et préparer des mets délicieux exigent non seulement des ingrédients de qualité, mais aussi une énergie positive, dégagée par quelqu'un qui y prend plaisir et qui apprécie la grande variété des produits dont nous disposons aujourd'hui.

Dans ce livre, je veux montrer que nous avons une responsabilité envers la nature, et aussi le devoir de perpétuer le respect de nos traditions et nos origines. Beaucoup de rituels et de coutumes ont survécu pendant plusieurs siècles pour tomber dans l'oubli au cours des cinquante dernières années. C'est d'autant plus regrettable que ces traditions remplissaient pour la plupart une fonction, ce que nous ferions bien de garder présent à l'esprit. Si nous ne sauvegardons pas nos méthodes d'agriculture traditionnelles pour les générations futures, nos enfants et petits-enfants ne sauront plus à quoi ressemblent une vache ou un poisson. Mon livre a aussi pour vocation de mettre en lumière la diversité de ce que la vie nous offre, afin d'enrichir nos sens. Bien utilisés, les cinq sens que nous possédons nous aident à apprécier les plaisirs simples et authentiques de l'existence, comme cuisiner ou faire l'amour, et l'importance de partager ces moments de bonheur.

Quand je cuisine, j'aime la simplicité. J'essaie de tirer le meilleur parti de chaque ingrédient et, pour cela, je recherche des produits frais et sains. Préparer un bon repas ne coûte pas très cher. J'aime les plats simples, que tout le monde est capable de réussir, alliant traditionnel et contemporain, comme le coq au vin, le pot-au-feu, la blanquette de veau, les raviolis, le poisson grillé.

Cuisiner, comme boire un bon vin, m'apporte une très grande joie, et jamais je ne suis aussi heureux que lorsque je suis en train de préparer un repas pour ma famille, les enfants ou les amis. Parce que la cuisine est avant tout une question d'amour, et l'amour est une force. Cuisiner pour ceux que j'aime, partager le repas avec eux est un moyen de leur exprimer mon amour et mon amitié sans avoir besoin de parler. Ce que je veux révéler dans mon livre, c'est à la fois comment je cuisine et ce que j'aime manger, mais aussi comment tout s'enchaîne : l'état d'esprit, la qualité des ingrédients et le respect fondamental de la nature. Je voudrais transmettre un peu de cela, surtout à nos enfants.

Enfant, j'étais pauvre mais libre comme l'air

Je suis né en 1948 dans une famille nombreuse, le troisième de six enfants. Nous vivions à Châteauroux. Connue pour avoir été une base militaire américaine après la Seconde Guerre mondiale, c'était une petite ville berrichonne sinistre, repliée sur elle-même et coupée du monde extérieur.

Nous étions pauvres, mais ça n'a pas fait de moi un envieux. Au contraire, je regardais les gens autour de moi faire ce qui n'était pas dans nos moyens, manger de bonnes choses et vivre dans de belles maisons. Une nuit, à l'âge de huit ans, je me suis glissé hors de mon lit, attiré par une fête foraine. J'étais fasciné par le kaléidoscope de couleurs, le bruit des gens qui s'amusaient et l'odeur alléchante des confiseries et des pommes d'amour. Je me souviens que c'était une nuit magnifique, et c'est peut-être cette expérience qui, très tôt, a éveillé mon imagination. Je suis resté à observer les gens qui rentraient chez eux et, par les fenêtres éclairées, j'ai grappillé quelques bribes de leur vie.

J'ai quitté l'école plus tôt que je l'aurais voulu, accusé d'un vol que je n'avais pas commis. Ça m'a servi de leçon : la vie ne vous donne pas tout. Il faut prendre ce que l'on peut, et en tirer le meilleur parti. Après ça, j'ai passé beaucoup de temps dehors, à pêcher, à marcher, à profiter de l'air frais, cultivant un amour de la nature et un goût de la vie qui n'allaient plus jamais me quitter, un amour des choses simples, de la sincérité et de l'équité, sans rapport avec les possessions matérielles.

Quand je vivais chez mes parents, nous mangions de la viande la première semaine du mois. Si le boucher nous faisait crédit, nous achetions de la viande de cheval, la moins chère, et parfois, l'été, un peu de charcuterie, ce que j'aimais particulièrement. Le Dédé — c'est comme ça qu'on appelait mon père — faisait un ragoût, parce que la sauce permettait de noyer les pommes de terre et les restes. À l'occasion, lorsque par chance un chasseur lui offrait un lapin, le Dédé l'accommodait de la même façon. Autrement, il y avait du mou en sauce et toujours des pommes de terre, frites ou en purée, ainsi que du riz et,

bien sûr, du pain. Quand mon père préparait le repas, il le faisait tout seul ; jamais je ne l'aidais à la cuisine. C'était un repas modeste, mais préparé avec imagination, et je n'ai manqué de rien. Aujourd'hui encore, la viande reste pour moi un symbole de prospérité.

Laissez libre cours à votre imagination !

L'imagination occupait une place aussi importante que les ingrédients eux-mêmes. Notre alimentation était celle des gens pauvres — peu variée et presque sans viande — ; la variété dépendait des légumes disponibles. À Lyon, la pomme de terre, la « truffe du pauvre », reste le légume de base. Il est étonnant de voir l'infinité des manières d'accommoder les pommes de terre et les poireaux, notamment en soupe, et les différences de goût qu'on peut obtenir en y ajoutant un seul légume — du chou ou un navet, par exemple. La soupe était toujours servie autour de 17 heures et constituait le repas traditionnel qui réunissait la famille à la fin de la journée. Le secret de la soupe est de ne jamais y ajouter de viande cuite mais toujours fraîche, sinon le goût sera gâché. J'ai toujours aimé les plats qui ont mijoté pendant des heures, dont la longue cuisson exhale les saveurs.

Même si notre nourriture était frugale, ce que nous mangions à la maison était toujours très frais et provenait de son habitat naturel, que ce

soit une carpe pêchée dans le lac voisin, un lapin tué dans les bois alentour ou les légumes que nous cultivions dans notre petit potager. La terre dans laquelle ils poussaient était fertilisée naturellement, sans pesticides ni engrais qui affectent le goût de tous les légumes que nous achetons aujourd'hui dans les supermarchés. Les poireaux de notre potager n'étaient pas nécessairement plus gros que les autres, mais ils avaient un goût extraordinaire !

Chez moi, c'est toujours la curiosité qui l'emporte

J'ai acquis dans mon enfance le respect de la nourriture, et de ce fait j'ai toujours détesté le gâchis. Au contraire, je pratique l'art d'accommoder les restes. Un reliquat de pot-au-feu, par exemple, contribuera à faire un hachis parmentier ; un jus ou une sauce peut servir de base à une autre sauce, pour autant qu'on y ajoute quelque chose de frais.

Je crois que la cuisine m'a toujours fasciné. L'imagination a ouvert la voie quand j'étais enfant, et la curiosité a pris le relais à l'âge adulte. Partout dans le monde, où que je sois en tournage, je passe la tête dans les cuisines, et je demande aux chefs de m'expliquer comment ils préparent tel ou tel plat, je hume, je tâte, je goûte toutes sortes de produits nouveaux. Je me promène sur les marchés et j'essaie tout et n'importe quoi, pourvu que ce soit culturellement différent. Je rencontre les artisans et je partage leurs repas quotidiens, et je rentre à Paris la tête remplie de nouvelles idées et de recettes à tester sur mes amis.

C'est de la même manière que m'est venue la passion de la vigne, en goûtant, sentant et posant constamment des questions, encore que mon amour de la terre y soit aussi pour beaucoup. Mon premier plant de vigne, je l'ai acheté il y a plus de trente ans — un hectare en Bourgogne — puis, à la fin des années quatre-vingt, j'ai fait l'acquisition du domaine du château de Tigné, en Anjou, un vignoble de cent dix hectares déjà réputé, ainsi que de deux hectares supplémentaires à Aniane, dans le Languedoc, pour produire un vin de garage élaboré à l'ancienne.

J'ai toujours eu à cœur de défendre les méthodes traditionnelles de vinification, surtout à cette époque de production de masse dans laquelle nous vivons. Pour faire ce genre de vin, il faut connaître le terroir, les qualités spécifiques du sol. Il suffit de deux ou trois hectares et de s'attacher à produire le meilleur vin que cette terre-là puisse donner. D'après l'œnologue Jacques Puisais, « chaque vin est le miroir de l'endroit. Il est à la fois fils de la terre et de l'air, et enfant de l'homme. Il fixe la vie du lieu et son rythme ». Si la terre n'est pas bonne, il y a peu de chances de faire un vin de qualité.

Le vin a une âme. Pour moi, il est synonyme d'amitié et de partage des plaisirs simples de la vie. Je n'aime pas en boire pour me soûler, ni pour oublier. Je l'aime parce qu'il met de bonne humeur.

Les animaux heureux font des gens en bonne santé

Les gens qui vivent pour leurs animaux et la relation qu'ils entretiennent avec eux m'ont toujours intéressé. À l'évidence, si les bêtes d'une ferme peuvent circuler librement dans les prés, sentir la pluie sur leur dos, les changements de temps et de saison, leur viande n'aura pas le même goût que celle d'un bétail élevé pour la production de masse. Je recherche toujours des fermiers fiers de leurs bêtes, qui les soignent avec sollicitude et qui les accompagnent même à l'abattoir. Ceux-là sont de véritables artisans, et leur métier est ce qui compte le plus dans leur vie.

Ils comprennent ce dont chaque espèce animale a besoin pour mener une bonne vie. Les poules doivent pouvoir gratter le sol et picorer la terre. Les cochons sont curieux, ils adorent fouiner partout et se rouler dans la boue. Les vaches sont toujours en mouvement, déambulant de-ci de-là, dans le calme et la tranquillité. Elles ne semblent pas être affectées par les variations climatiques ; au contraire, elles y gagnent en force et en résistance. Les cabris et les veaux élevés sous la mère grandissent sans stress. Tout animal auquel il est donné de vivre dans un environnement approprié et qui reçoit en outre une alimentation naturelle est un animal heureux. Au contraire, une bête qui, avant d'être abattue, doit traverser la moitié de l'Europe en camion, pour finir dans un abattoir indigne mais néanmoins acceptable techniquement, ne peut pas donner une bonne viande. C'est impossible. Autant s'en

passer complètement. Un produit de qualité nécessite un certain temps de maturation et c'est à nous d'exiger que ce temps soit respecté.

Nous vivons dans un monde où la demande a largement dépassé notre capacité de production. Le développement des hypermarchés et des commerces à bas prix, ajouté à la pression exercée par le consommateur sur les producteurs pour qu'ils fournissent des quantités toujours plus grandes, a signé l'arrêt de mort des petits artisans locaux et des fermiers régionaux.

Pour faire face à la demande, nous avons eu recours à des produits chimiques visant à engraisser artificiellement le bétail, notre poisson est coloré pour paraître plus appétissant, et il est nourri de sous-produits du poisson, ce qui va à l'encontre des lois les plus élémentaires de la nature. Nos poulets sont calibrés pour constituer des pièces de viande d'un kilo à un kilo et demi, convenant à une famille de quatre personnes. L'élevage industriel atteint aujourd'hui un tel niveau de mépris pour le bien-être des volailles, qu'il ne faut pas s'étonner si les poulets s'attaquent les uns les autres ou se blessent, compte tenu de leurs conditions de vie épouvantables.

À mesure que circule l'information sur le sort des poulets élevés en batterie — poulets qui constituent une des bases de l'alimentation aujourd'hui — et avec la menace que représente la récente grippe aviaire en Asie, qui s'ajoute à celle de la salmonellose, dont les cas sont en augmentation, le public, maintenant mieux informé sur les conditions d'élevage en batterie, commence à se détourner de la production de masse.

Une lente révolution s'est mise en marche contre tout recours à des substances chimiques, par exemple l'injection d'antibiotiques censés protéger la bête des maladies auxquelles nous l'exposons.

Nous sommes ce que nous mangeons

Un vrai poulet, le poulet de Bresse par exemple, est élevé à la ferme pendant seize semaines, contre six semaines et demie pour un poulet de supermarché. Comparé à son congénère de la grande distribution, le poulet de Bresse se caractérise par une chair ferme, brune, à la saveur exquise. Il a picoré en toute liberté et puisé dans ce terroir marécageux les protéines essentielles à son alimentation. Porté aux nues au XIXe siècle par le grand gastronome Brillat-Savarin qui l'appelait « la reine des volailles et la volaille des rois », ce poulet-là est celui que je préfère. Dans la région de Bourg-en-Bresse, on le sert souvent poché, dans une sauce à la crème.

Depuis une vingtaine d'années, nous avons commencé à prendre conscience que la qualité de nos aliments laissait beaucoup à désirer, que même le pain, qui est la base de l'alimentation, était additionné de graisse et de sucre, et que la majeure partie de la viande vendue dans les supermarchés était truffée d'hormones supposées lui donner davantage de goût. Cette pratique intolérable, totalement contraire à la nature, est l'une des causes principales de la maladie de la vache folle.

Aujourd'hui, de nouvelles normes répondent aux exigences d'un public maintenant mieux

informé. Le consommateur exige de plus en plus que ce qu'il achète réponde à des normes garantissant à la fois la provenance, la méthode traditionnelle de production et la qualité. Il en existe un certain nombre, plus ou moins récentes. L'AOC (Appellation d'origine contrôlée), qui remonte à 1919, vise la protection des terroirs. Elle certifie l'authenticité de vins, d'alcools et de fromages — notamment le camembert — et aussi, par exemple, de certains fruits comme les noix de Grenoble. Le Label Rouge est un gage de qualité de la viande et de la volaille. Et face à la menace des OGM, la mention AB sur les denrées issues de l'agriculture biologique a quelque chose d'infiniment rassurant. Tous ces labels nous aident en principe à faire la différence entre des produits de première qualité et le tout venant. Bien entendu, ces produits « supérieurs » sont aussi plus chers, et restent inaccessibles au plus grand nombre.

Vers la fin des années quatre-vingt, une association appelée « Slow Food », en réaction à la restauration rapide, s'est créée en Italie sous la houlette du journaliste gastronome Carlo Petrini. En proclamant : « Mangez moins, mais mangez mieux », le mouvement s'est donné pour mission de défendre le droit au goût et de promouvoir les artisans locaux et les produits régionaux traditionnels.

Fermez les yeux un instant et imaginez la sensation de redécouvrir le goût d'un plat exceptionnel, préparé avec des ingrédients aux saveurs extraordinaires et surtout servi avec amour. Car c'est avant tout de cela qu'il s'agit : d'un acte d'amour.

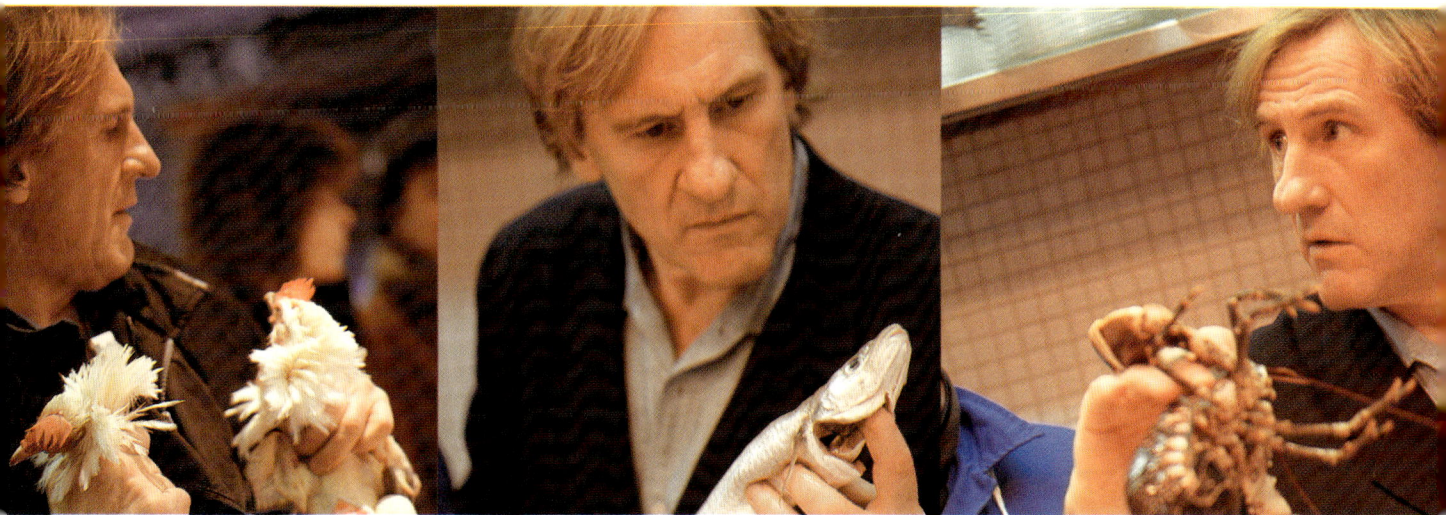

Le choix est prodigieux !

Au cours de ma carrière d'acteur, j'ai eu la chance de voyager dans beaucoup de pays. Quand on reste plusieurs semaines au même endroit, ça laisse le temps d'aller à la rencontre de la population locale et de découvrir sa culture, ses traditions et sa cuisine.

C'est pareil quand vous vous promenez à travers la France : les nuances et les subtilités régionales se révèlent quand vous voyagez du nord au sud, ou d'est en ouest, et chaque région a des trésors à offrir, des spécialités qui ont fait sa renommée. En suivant la Loire, on trouve les fruits, les petits légumes, les asperges et les champignons. Le meilleur beurre est celui des Charentes. En Bretagne, où se mélangent les courants de l'Atlantique et le Gulf Stream, les poissons et les fruits de mer sont parmi les meilleurs que l'on mange en France. Dans les zones marécageuses de la Grande-Brière, on attrape des anguilles selon des méthodes ancestrales, et les agneaux élevés dans les prés-salés donnent la viande la plus exquise qui soit.

Prenez la direction du sud-ouest et, en Gascogne, vous goûterez un porc nourri au maïs et aux glands de chêne récoltés dans les forêts de la région. Ici, tuer le cochon donne lieu à une fête de deux jours, rythmée par la préparation de saucisses, de pâtés et de boudins. Un bon jambon de Bayonne exige de longs mois de maturation. Et puis il y a l'oie et le canard, pour le foie gras, bien sûr, mais aussi pour les confits fondants, les rillettes et la graisse dans laquelle on fera sauter les pommes de terre avec de l'ail et du romarin. Pour moi, les bonnes choses sont celles qui gardent la saveur de ce qui les compose.

La nourriture est aussi une question de culture

C'est dans les régions frontalières, où les cultures de deux pays se superposent, que vous trouverez des différences régionales très marquées et, en général, la cuisine locale la plus imaginative.

La tradition, les coutumes, la langue et la religion déterminent l'identité d'un pays, et les subtiles différences culturelles qui en résultent sont particulièrement notables dans les habitudes alimentaires de son peuple. Si la religion joue un rôle important dans l'acceptation ou le rejet de certaines nourritures, je pense que les interdits religieux en matière de nourriture reposent souvent sur des raisons pratiques. Dans la religion musulmane, par exemple, le porc est prohibé. Or les musulmans vivent le plus souvent dans des pays chauds, et il est bien connu que les porcs supportent mal la chaleur, et que leur viande se conserve moins bien que les autres.

Lorsque je tournais *Astérix et Cléopâtre*, voici quelques années, j'ai séjourné à Ouarzazate, au Maroc, pendant plusieurs mois. La culture maghrébine est fascinante, et j'ai eu le privilège de mieux la connaître grâce aux artisans et aux commerçants que j'ai rencontrés. Ils m'ont parlé de leur éducation, de leurs rites et de leur mode

de vie, de leur sens de l'hospitalité qui leur apprend à offrir le thé à la menthe aux invités alors qu'ils manquent cruellement d'eau.

Pour ce qui est de mes propres convictions religieuses, j'essaie de croire en Dieu tout en prenant en compte la vie en général et ce qu'elle peut nous offrir. Je crois que nous devons essayer d'aimer et de respecter ce qui nous entoure, pas nécessairement dans un sens religieux, mais plutôt esthétique — tout simplement de savoir apprécier la beauté autour de nous. Lorsque je suis en communion avec la nature, je me sens presque en état de grâce.

Au Maroc, j'ai aussi appris comment abattre un animal et découper la viande. La bête, tenue serrée, est égorgée. Violente et inattendue, cette mort ne provoque pas de stress chez l'animal. La manière dont nous tuons nos animaux influe sur le goût de la viande : un agneau n'a pas la même saveur selon qu'il a été tué par un Espagnol, un Italien ou un Marocain. J'ai toujours pensé qu'un animal abattu sans stress donne une viande qui a bien meilleur goût. Avant de tuer un cochon, je lui parle. Le cochon est un animal intelligent, auquel il est facile de s'attacher. Caresser une bête avant de la tuer l'aide à mourir paisiblement, sans la peur qui contracte ses muscles sous l'effet de l'adrénaline. J'ai visité des abattoirs, en pleine nuit, et j'y ai vu des hommes tromper l'ennui en torturant les animaux avant de les tuer. Ce sont des images que je ne parviens pas à effacer de ma mémoire.

Rien ne vaut la cuisine italienne

Voyager est la meilleure façon d'apprendre. Nous nous imaginons que la gastronomie française est inégalable, mais c'est en Italie que se déguste la cuisine la plus simple et la meilleure. Où que vous alliez en Italie, dans n'importe quelle trattoria locale, la cuisine est toujours faite maison et tout a une saveur incomparable, que ce soit le pain, les desserts ou les gâteaux, les pâtes artisanales ou les délicieuses sauces.

En tournage en Italie avec Bertolucci en 1990, j'ai découvert une culture qui m'a rappelé la mienne. Nous partageons avec les paysans italiens une culture de pauvreté, mais leur cuisine repose sur des denrées comme l'huile d'olive et les tomates vertes, qui, nulle part ailleurs, n'ont une saveur aussi extraordinaire. La cuisine italienne est faite de ragoûts et de sauces, de tous ces plats qui mitonnent pendant des heures. Des plats qui mijotent à feu doux et que composent les meilleurs produits de la terre. C'est ce que je préfère. Par exemple le *bollito misto*, à l'origine une spécialité de Bologne. C'est un plat comprenant plusieurs variétés de viandes et de légumes bouillis, que les Italiens servent avec la *mostarda*, un condiment sucré et épicé, à base de fruits confits.

Certaines traditions culturelles sont parfois difficiles à avaler, encore que j'aie la chance d'avoir l'estomac solide, ce qui, allié à ma curiosité, me met parfois dans des situations difficiles. Lors d'un voyage en Mauritanie, j'ai rencontré un boulanger si pauvre qu'il mettait du sable dans son pain. Malgré leur misère évidente, les gens étaient hospitaliers et m'ont accueilli en me donnant des figues fraîches accompagnées de beurre rance. En Italie, on m'a offert une tranche de viande d'âne sur une galette de polenta. Jusque-là, je ne savais pas qu'on mangeait de l'âne !

Lors d'un autre tournage avec Bertolucci, j'ai disparu pendant un week-end dans le désert, avec un guide et un chameau. Le guide avait emmené une chèvre, que nous avons tuée cette nuit-là. Elle était très maigre, mais nous l'avons fait cuire avec quelques brindilles, et je garde le souvenir d'un festin extraordinaire. D'un point de vue d'Européen, je peux comprendre qu'un tel repas puisse paraître barbare. Les traditions en Asie laissent peu de place à l'imaginaire. En Chine, tout, ou presque, se mange. Je pense qu'à l'origine, ça tient au fait que la religion y est beaucoup plus instinctive et que les Chinois s'identifient à ce qu'ils mangent. Par exemple, entre autres choses, ils croient que la cervelle de singe les rendra plus malins, et qu'un régime à base de soupe au pénis de tigre améliorera considérablement leurs performances sexuelles !

Quelle est l'histoire de la cuisine française ?

Bien que nous ayons une grande tradition gastronomique en France, ce n'est qu'à la Révolution que cet aspect de notre culture a véritablement influé sur la vie des gens. Jusque-là, le pays était divisé en deux. Les paysans devaient se contenter de pain et de ce qu'ils arri-vaient à tirer de la terre, alors que l'aristocratie et les courtisans se livraient à un gaspillage massif de nourriture et de ressources. Tous les jours, les tables croulaient sous des monceaux de mets les plus divers, le menu comportant souvent une cinquantaine de plats. Le roi se contentait d'en goûter quelques-uns, rarement plus de quelques bouchées car, à cette époque, à la Cour, il était tout aussi important d'apprécier la beauté d'un plat que de le déguster vraiment.

Quand je tournais *Vatel* avec Roland Joffé, je jouais le rôle du « contrôleur général de la Bouche de Monsieur le Prince de Condé », c'est-à-dire de l'homme qui était responsable de ce que ce dernier mangeait. Dans le film, je devais nourrir quelque six cents courtisans, sans compter la suite du prince et tous ses serviteurs. C'était un crime que de préparer des mets aussi somptueux pour des gens que la nourriture n'in-téressait pas, alors que, dans les campagnes, le peuple mourait littéralement de faim, n'ayant qu'un peu de pain pour se nourrir. Il était évident qu'un jour les greniers seraient vides, qu'il n'y aurait plus de blé dans les champs et que le peuple finirait par se révolter.

La Révolution a eu un effet considérable sur notre cuisine ; les comportements ont alors radicalement changé. C'est de cette révolution de la bourgeoisie et de l'homme de la rue qu'est née la gastronomie française. Les chefs qui étaient auparavant au service des nobles et des propriétaires terriens cuisinaient maintenant pour les bourgeois. Ils ont ouvert des restau-rants, qui ont remplacé graduellement les

auberges et les hostelleries où la bonne chère n'était pas une priorité, et ils ont appris aux gens à bien manger.

Nouveaux produits, saveurs nouvelles

Le début du XIXᵉ siècle a marqué un tournant important dans le développement de la cuisine française et dans les habitudes alimentaires en général. La stabilité économique, la modernisation de l'agriculture et l'élévation du niveau de vie de la bourgeoisie ont contribué à l'essor de la restauration. Avec l'accession au trône de Louis XVIII, le plus fin gourmet des rois, les Français ont commencé à acquérir un goût plus sophistiqué, à l'exemple de leur monarque. La bonne cuisine est devenue une obsession et, sous l'influence des chefs, nous avons appris à privilégier les saveurs et, plus simplement l'esthétique des plats.

Et puis il y a eu l'accès à des produits nouveaux. À la pomme de terre commune, dont la consommation s'est répandue sous Napoléon, sont venus s'ajouter le riz et les pâtes — les macaronis en particulier, découverts à la faveur d'une bataille en Italie. La culture de la betterave à sucre, pour remplacer le sucre de canne, très cher, a fait baisser les prix et augmenter la consommation. À la même époque, on a inventé la conserve. Les évolutions de l'agriculture ont permis la production de nouvelles variétés de légumes, comme les épinards, le cresson, le céleri et les asperges, et, à Paris, les champignons.

La viande, restée si longtemps une rareté, est devenue plus accessible. Le gibier, traditionnellement l'apanage des nobles, a commencé à figurer au menu de la bourgeoisie, lorsque celle-ci s'est mise à acquérir des terres et des bois. La viande, auparavant toujours servie séparément, était accompagnée de riz, de pâtes, voire de pommes de terre, ou mélangée à des légumes.

Avec la révolution industrielle, les progrès dans les transports ont permis un approvisionnement plus régulier en poissons et en fruits de mer. La réfrigération n'allait pas tarder à suivre. Le fromage, cependant, surtout mangé chez ceux qui n'avaient pas les moyens de s'offrir des desserts, était dédaigné par l'aristocratie. Au Second Empire, cela a changé, comme beaucoup d'autres choses.

Et aujourd'hui, où en sommes-nous? D'une part, nous croulons sous des excédents qui nous conduisent à d'énormes gaspillages, alors que, d'autre part, il y a des gens qui souffrent de la faim, pas seulement dans le Tiers Monde mais aussi chez nous, à notre porte. Au XXIᵉ siècle, en France, comme ailleurs en Europe, des gens vivent encore au-dessous du seuil de pauvreté, des gens pour qui les bonnes choses restent inabordables. Nous subissons la pollution, et les mauvais traitements infligés à nos animaux et à notre bétail affectent notre alimentation.

J'ai toujours voulu être boucher mais entretemps je suis devenu acteur et j'ai maintenant

ouvert mon premier restaurant, après en avoir caressé l'idée pendant vingt ans. J'ai rencontré Laurent Audiot, qui travaillait chez *Marius et Jeannette*, un merveilleux restaurant de poisson à Paris, juste à côté de mon bureau. Laurent est un grand chef, avec qui je partage la passion de la cuisine et du vin. Je lui avais promis que nous travaillerions un jour ensemble, et c'est arrivé. Le chef est une sommité, l'âme du restaurant, la personne de confiance. Peut-être que dans ce nouveau rôle de restaurateur je pourrai influer, ne serait-ce qu'un tout petit peu, sur la façon dont nous apprenons à apprécier la bonne chère et le bon vin.

La Fontaine Gaillon à Paris, mon premier restaurant, est la diversification logique de mon activité viticole. Mais, comme pour tout, je suis incapable de m'arrêter là. Je vais bientôt ouvrir un bistrot de l'autre côté de la place, où vous pourrez goûter toutes sortes de vins différents, apprendre quelle est leur provenance, leur distribution, etc., tout en mangeant un petit quelque chose. Et puis j'ai ouvert une boulangerie, et une épicerie ne va pas tarder à suivre... Et j'ai encore d'autres projets sur le feu — peut-être un ou deux autres restaurants comme *La Fontaine Gaillon*, dans d'autres pays.

Comme l'a dit si justement Balzac, « le problème de la vie n'est pas sa durée, mais la qualité, le varié et le nombre de ses sensations ».

Nous avons un héritage à laisser à nos enfants

Nous ne pourrons jamais vraiment dompter la nature et la plier à notre volonté, mais en apprenant à comprendre sa profondeur, sa richesse et sa diversité, nous saurons sûrement mieux l'apprécier et vivre en harmonie avec elle.

Les marchés nous enseignent beaucoup de choses, la première étant que nous ne pouvons pas changer l'ordre des saisons et les rythmes du temps. Nous devrions toujours manger des produits frais et uniquement en saison. La saveur d'une cerise mûrie au soleil et dégustée en plein été est incomparable. Je déteste manger des cerises à Noël !

Pas facile de changer des habitudes déjà bien ancrées dans notre culture. Lorsque l'on court après le temps, on est tenté de céder à la facilité d'un plat surgelé tout préparé, plutôt que d'acheter des produits frais au marché. Si nous vivions différemment, nous nous débarrasserions de nos fours à micro-ondes et nous redécouvririons les plats que cuisinaient nos grands-mères, à une époque où la préparation d'un repas pouvait prendre jusqu'à cinq heures.

L'un des problèmes est que nos enfants ne veulent plus manger des aliments qu'ils reconnaissent, comme des poulets qu'ils ont vus vivants à la télévision ou des poissons qu'ils identifient à ceux de leur aquarium, préférant des carrés ou des rectangles indéfinissables. Ma fille Roxane, par exemple, en est encore au « stade hamburger », mais elle commence à goûter à des viandes plus consistantes et petit à petit je vais lui faire découvrir de nouveaux plats et lui apprendre à manger correctement.

Je n'ai jamais obligé un enfant à manger contre son gré. Il y a trop d'injustice dans ce monde pour faire avaler de force de la nourriture à quelqu'un qui n'en a pas envie, mais si vous manifestez de l'enthousiasme, l'enfant sera peut-être tenté de goûter à quelque chose qu'il ne connaît pas. C'est ainsi que se forme le goût. Tout dépend de l'éducation que l'on reçoit. Je me souviens que la fille de l'actrice américaine Jamie Lee Curtis est venue chez moi avec sa mère. Il y avait un cerisier dans le jardin, et la petite ne savait pas ce que c'était. Elle ne comprenait pas que les cerises provenaient du cerisier, elle croyait qu'elles poussaient dans une corbeille. Même le réalisateur australien Peter Weir s'est étonné de la grande variété de légumes dans mon potager, quand je lui ai demandé ce qui lui ferait plaisir pour le déjeuner. Il n'arrivait pas à croire que je puisse faire pousser des endives dans l'obscurité de ma cave. Ce n'était pas nécessairement de l'ignorance, mais davantage une question de culture.

Tout n'est pas bon pour la santé

Un certain degré de connaissance peut aussi se révéler nocif. Maintenant que nous comprenons ce qui est bon pour nous et ce qu'un régime alimentaire doit proscrire, nous tombons dans l'excès inverse. Les Américains, par exemple, traquent de manière obsessionnelle les graisses et le cholestérol, mais continuent d'ignorer les sucres et les substances cancérigènes que les fabricants ajoutent pour relever le goût du produit.

L'intérêt que je porte à la nourriture s'étend au domaine de la santé. Un régime occasionnel est important pour combattre l'obésité. En ce qui me concerne, le régime commence dans ma tête. Pour maigrir, il faut que je le veuille, mais il me faut aussi comprendre les besoins de mon corps. Je commence par réduire les quantités de moitié et remplacer le pain par des légumes et du fromage blanc allégé. La cuisine devient alors très simple ; elle se résume à un grand bol de soupe. En dix ans, j'ai perdu plus de trois cents kilos ! Ça n'a rien d'exceptionnel pour un homme qui perd trente kilos par an : je maigris et je regrossis inévitablement, par cycles.

J'ai encore une ambition à satisfaire : cultiver la vigne, produire le vin et devenir un véritable artisan. Je rêve de travailler différentes natures de sols, de redécouvrir de vieilles traditions et des coutumes anciennes en matière de viticulture, pas forcément en refusant la technologie dont nous disposons aujourd'hui mais pour la mettre au service de la nature et en harmonie avec elle.

Je sais que je déborde d'une énergie qui pour les autres peut parfois être épuisante, et que mon amour de la vie exige la perfection. Mais, comme Jean-Jacques Rousseau, « je suis sensuel, et non pas gourmand. Trop d'autres goûts me distraient de celui-là ».

Les entrées

Les plats servis en entrée sont légers et assez substantiels pour être mangés à n'importe quelle heure, même au petit déjeuner. Chez moi, au château de Tigné, en Anjou, je fais souvent du lapin en gelée, et je garde un souvenir ému de celui que nous mangions, servi sur une tranche de pain de campagne grillé et accompagné d'un verre de vin blanc frais, avec mon grand ami, le comédien Jean Carmet, aujourd'hui disparu. Quelle merveilleuse façon de commencer la journée !

Anchois frais marinés aux pommes de terre

Temps de préparation : 20 min / Temps de cuisson : 20 min
Temps de réfrigération : 24 heures

Pour 4 personnes

1 kg de petits anchois bien frais · fleur de sel

Pour la marinade

6 cuill. à soupe d'huile d'olive extra-vierge · 1 oignon
2 petites carottes nouvelles · 3 gousses d'ail · 2 dl de
vinaigre de vin vieux · 1 dl d'eau · 2 branches de thym
1 feuille de laurier · 4 branches de persil
6 grains de coriandre · sel, poivre du moulin · 1 citron

En accompagnement

1 kg de pommes de terre rattes

1. Préparez la marinade : pelez l'oignon et les gousses d'ail, hachez-les grossièrement. Pelez les carottes et émincez-les en fines rondelles. Dans un grand plat creux, versez l'huile, le vinaigre, l'oignon et l'ail, les carottes et 1 décilitre d'eau, assaisonnez avec deux pincées de sel, quelques tours de moulin à poivre, ajoutez les branches de thym et de persil, la feuille de laurier grossièrement émiettée, les grains de coriandre et mélangez bien le tout.

2. Nettoyez délicatement les anchois car ils sont très fragiles : retirez leurs têtes et leurs intestins en pressant légèrement sur le ventre pour ne pas les écraser. Séchez-les dans du papier absorbant, étalez-les sur un linge propre, poudrez-les de fleur de sel et laissez-les ainsi macérer pendant 2 heures.

3. Passez les anchois sous l'eau fraîche, séchez-les dans du papier absorbant, rangez-les alors délicatement dans une terrine en porcelaine blanche, posez le couvercle et laissez en attente.

4. Versez la marinade dans une casserole ; portez-la à ébullition. Lorsqu'elle bout, jetez-la bouillante sur les anchois, laissez ainsi mariner pendant 24 heures.

5. Au moment de servir, lavez les pommes de terre, faites-les cuire à la vapeur pendant 10 minutes sans les éplucher. Lorsqu'elles sont cuites à point, passez-les sous l'eau froide puis pelez-les, coupez-les en fines rondelles, mettez-les sur un grand plat creux et servez-les avec les anchois.

Carpaccio de thon frais au basilic

Temps de préparation : 20 min / Temps de cuisson : 5 min (pour le pain)

Pour 4 personnes

300 g de beau thon rouge bien frais · 1 dl d'huile d'olive extra-vierge parfumée au basilic · 1 cuill. à café de fleur de sel
le jus de 1/2 citron vert · poivre du moulin · 8 tranches de pain
de campagne · 4 feuilles de basilic

1. Éliminez soigneusement la peau et les arêtes du thon, séchez-le dans du papier absorbant et émincez-le très finement avec un couteau tranchant ou, mieux, à l'aide d'une trancheuse électrique. Pour faciliter cette opération, vous pouvez placer le thon pendant 15 à 20 minutes dans le bac de votre congélateur.

2. Badigeonnez quatre assiettes d'huile d'olive avec un pinceau, disposez les tranches de thon, recouvrez-les du reste de l'huile d'olive, de fleur de sel, humectez de quelques gouttes de jus de citron vert, poivrez abondamment, posez le basilic et servez avec des tranches de pain de campagne grillées.

Rillettes de maquereaux

Temps de préparation : 20 min / Temps de cuisson : 20 min
Temps de réfrigération : 24 heures

―――― **Pour 4 personnes** ――――

500 g de beaux maquereaux bien frais · 2 dl de court-bouillon
2 oignons · 3 gousses d'ail · sel, poivre · 1 dl de crème fraîche
1/2 bouquet de cerfeuil

1. Dans une grande casserole, faites chauffer le court-bouillon sur feu doux.

2. Nettoyez les maquereaux, étêtez-les et coupez leur queue. Plongez-les dans le court-bouillon pendant 5 minutes. Au bout de ce temps, à l'aide d'une écumoire, placez-les délicatement dans une passoire et laissez-les tiédir. Récupérez leur chair en ôtant délicatement la peau et toutes les arêtes.

3. Pelez et hachez les oignons et l'ail. Dans une grande casserole, faites étuver, sur feu très doux, l'oignon et l'ail, remuez bien, ajoutez la chair des maquereaux, salez, poivrez, mélangez bien. Ajoutez de la crème liquide, laissez mijoter cette « compote » sur feu doux pendant 5 minutes.

4. Lorsque la « compote » est cuite, laissez-la refroidir. Écrasez bien le tout avec une fourchette, ajoutez le cerfeuil finement ciselé, remplissez des petits ramequins de ces rillettes, laissez durcir pendant 24 heures au frais.

Saumon aux pommes de terre tièdes

Temps de préparation : 20 min / Temps de cuisson : 10 min

Pour 4 personnes

1 beau filet de saumon frais d'environ 500 g
2 citrons verts · 3 cuill. à soupe d'huile d'olive
10 g de fleur de sel · poivre du moulin
200 g de pommes de terre à chair ferme (rattes par exemple)
1 petit verre de vin blanc sec
3 oignons blancs

1. Lavez les pommes de terres, faites-les cuire non épluchées dans de l'eau salée pendant une bonne dizaine de minutes. Au bout de ce temps, piquez-les avec une fourchette et, si elles sont cuites mais encore un peu fermes, éteignez le feu et laissez-les poursuivre leur cuisson dans l'eau le temps de préparer le saumon.

2. Retirez les éventuelles arêtes du filet de saumon avec une pince à épiler. Placez le morceau de saumon dans le congélateur (vous pourrez le trancher plus facilement).

3. Pendant ce temps, préparez la marinade dans laquelle les tranches de saumon vont macérer : pressez le jus des citrons verts, ajoutez de la fleur de sel, mélangez bien (vous pouvez également ajouter un peu de sucre pour retirer légèrement l'acidité du citron). Délayez le tout avec l'huile d'olive, fouettez bien et laissez en attente.

4. Égouttez les pommes de terre, pelez-les, mettez-les à mariner dans le vin blanc, elles vont ainsi tiédir et prendre du goût.

5. Détaillez le saumon en lamelles, placez-les au fur et à mesure dans la marinade en les faisant se chevaucher et laissez en attente au frais.

6. Lorsque les pommes de terre sont tièdes, rangez-les à côté des lamelles de saumon. Pelez les oignons et coupez-les en beaux anneaux. Placez-les sur les pommes de terre, donnez quelques tours de moulin de poivre, saupoudrez de fleur de sel et servez immédiatement.

Mon Conseil

Utilisez de l'huile d'olive de Pantelleria extra-vierge de préférence. J'aime aussi y ajouter des œufs de saumon, cela rendra votre plat encore plus « raffiné ».

Maquereaux au vin blanc

Temps de préparation : 30 min / Temps de cuisson : 1 h

Pour 4 personnes

500 g de petits maquereaux (lisettes)
1/2 bouteille de bon vin blanc · 3 carottes · 3 échalotes
4 grains de coriandre · 3 grains de genièvre
3 grains de poivre noir
sel, thym, romarin, laurier

1. Lavez les maquereaux, séchez-les, coupez leur tête et leur queue, fendez-les en deux, retirez l'arête centrale et posez-les sur du papier absorbant.

2. Pelez les échalotes et les carottes. Hachez les échalotes, émincez en rondelles les carottes.

3. Allumez le four, thermostat 6. Dans une terrine en porcelaine blanche, posez une couche de rondelles de carottes, une couche d'échalotes, étalez au-dessus les maquereaux reconstitués, étalez de nouveau une couche de carottes, d'échalotes, etc. jusqu'à la fin des ingrédients, en terminant par une couche de carottes et d'échalotes. Répartissez régulièrement les grains de poivre, de genièvre et de coriandre, parsemez les herbes, recouvrez de vin blanc, posez le couvercle sur la terrine, placez-la dans un bain-marie et enfournez-la pour une petite heure – il faut que le liquide de la terrine frissonne mais ne boue pas.

4. Au bout de ce temps, sortez la terrine du four, laissez-la complètement refroidir et servez les petits maquereaux bien frais avec une salade de pommes de terre par exemple ou encore une salade de betteraves.

Mon Conseil

Choisissez de préférence des « lisettes », petits maquereaux de moins de un an dont la chair est délicate et moins grasse que celle du maquereau. Vous pouvez modifier cette recette traditionnelle en ajoutant du cidre dans la marinade – dans ce cas, ne mettez pas de vin – ou encore du vinaigre de framboises.

Tartare de daurade rose

Temps de préparation : 20 min / Pas de cuisson

Pour 4 personnes

1 belle daurade rose en filets (environ 300 g de chair)
2 échalotes · 1 petit bouquet de ciboulette · 2 cornichons
1 cuill. à café de câpres · 1 œuf · 1 cuill. à café de moutarde
1 filet d'huile d'olive · 1 filet de citron vert (facultatif)
1 filet de Tabasco (facultatif) · 1 morceau de gingembre frais
fleur de sel, poivre du moulin · 125 g de pourpier
quelques feuilles de basilic

1. Pelez et hachez finement les échalotes. Ciselez la ciboulette et mélangez-la avec les échalotes. Hachez finement les cornichons et les câpres, mélangez-les avec la préparation précédente.

2. Cassez l'œuf en séparant le blanc du jaune, mélangez le jaune avec la moutarde et fouettez en ajoutant peu à peu l'huile d'olive. Salez, poivrez et ajoutez éventuellement un trait de Tabasco ou un filet de citron vert.

3. Hachez grossièrement la daurade au couteau pour qu'elle conserve toute sa texture et sa belle couleur rosée.

4. Mélangez la daurade avec la mayonnaise que vous venez de préparer et le hachis aux échalotes. Versez un filet d'huile d'olive et mélangez bien le tout.

5. Étalez la salade de pourpier sur des grandes assiettes plates. Formez des quenelles de tartare de daurade, posez-les au centre des assiettes. Râpez ou émincez le morceau de gingembre, posez-en une petite quantité sur les tartares de daurade, recouvrez-les éventuellement d'un peu d'échalote hachée, de feuilles de basilic ou de ciboulette finement ciselée et servez bien frais.

Mon Conseil

*J'aime également préparer cette recette avec
de la daurade royale, du saumon ou encore du bar.
En saison, j'ajoute quelques noix de coquilles
Saint-Jacques dont la texture est si fondante…*

Salade de homard breton

Temps de préparation : 50 min / Temps de cuisson : 30 min

Pour 4 personnes

4 petits homards bretons de 300 ou 400 g · 2 l de court-bouillon (voir recette p. 42) · 300 de mesclun (ou autre salade verte) · 100 g de tomates confites
1 bouquet de cerfeuil · 200 g de haricots verts extra-fins du Val de Loire

Pour la vinaigrette

1 cuill. à soupe de vinaigre de vin vieux · 3 cuill. à soupe d'huile d'olive · 2 échalotes · 1 petit morceau de gingembre frais · sel, poivre

1. Dans deux grand faitouts, faites chauffer le court-bouillon. Plongez-y les homards. Laissez-les cuire 10 à 15 minutes environ selon leur grosseur. Lorsqu'ils sont cuits, prélevez-les avec une écumoire et placez-les dans une passoire. Passez-les rapidement sous l'eau fraîche et laissez-les tiédir.

2. Effilez les haricots verts et lavez-les. Faites-les cuire à la vapeur pendant 7 minutes, puis laissez-les refroidir.

3. Préparez la vinaigrette : émulsionnez l'huile avec le vinaigre, ajoutez une pincée de sel, quelques tours de moulin à poivre. Hachez finement les échalotes, ajoutez-les dans la vinaigrette. Lavez et séchez le bouquet de cerfeuil ; lavez et essorez le mesclun.

4. Lorsque les homards sont tièdes ou froids, étalez une chiffonnade de mesclun sur des assiettes plates. Décortiquez les homards et coupez leur corps en belles tranches. Reconstituez le corps du homard avec les pinces de chaque côté, la tête vidée et la queue. Ajoutez les haricots verts et arrosez de vinaigrette.

5. Ciselez le cerfeuil au-dessus des homards et décorez avec les tomates confites.

6. Servez immédiatement, tiède ou froid.

Mon Conseil

Cette recette constitue une base classique pour d'autres préparations telles que langoustes, langoustines, tourteaux et autres crustacés...

Fondant de tourteau

Temps de préparation : 2 h
Temps de cuisson : 50 min environ

Pour 4 personnes

Pour le court-bouillon
2 oignons · 2 carottes · 1 petit morceau de céleri
1 bouquet garni (thym, laurier, persil)
sel, poivre du moulin
2 cuill. à soupe de vinaigre de vin · 1 citron
4 beaux tourteaux bien frais et bien pleins
(femelle de préférence)

Pour la vinaigrette
1 cuill. à soupe de vinaigre de vin vieux · 3 cuill. à soupe
d'huile d'olive · 1 petit morceau de gingembre frais

1. Préparez le court-bouillon : pelez les carottes et les oignons, coupez les carottes en rondelles et hachez grossièrement les oignons. Mettez le tout dans une grande casserole, couvrez d'eau, ajoutez du sel, le bouquet garni et le vinaigre, portez à ébullition, laissez cuire une vingtaine de minutes et laissez infuser. Passez le court-bouillon au chinois pour y faire cuire les tourteaux. Vous pouvez également ajouter du citron ou encore un peu de vin blanc sec de pays (muscadet par exemple).

2. Plongez-y les tourteaux et laissez-les cuire 20 minutes. Au besoin, faites-les cuire dans deux marmites pouvant les contenir.

3. Lorsque les tourteaux sont cuits, égouttez-les dans une passoire et laissez-les refroidir. Retirez les pattes des tourteaux et ouvrez leurs carcasses, retirez-en bien toute la chair et récu-pérez la partie brune qui se trouve sous la tête. Lorsque vous avez récupéré la chair des pattes et du corps des tourteaux, même entre les interstices – ce qui prend un peu de temps –, mettez-la dans un grand saladier creux. Gardez la chair des pattes entière ainsi que les carapaces des tourteaux évidés.

4. Préparez la vinaigrette : émulsionnez l'huile avec le vinaigre, salez, poivrez, râpez le gin-gembre frais. Mélangez longuement cette vinai-grette avec la chair des tourteaux.

5. Replacez toute la chair des tourteaux dans leur carapace, recouvrez-les avec les pattes entières mais débarrassées de leur cartilage. Posez des quartiers de citron et placez les tour-teaux au frais jusqu'au moment de servir.

Jambon persillé de Bourgogne

Temps de préparation : 40 min / Temps de cuisson : 3 h 45
Temps de réfrigération : 24 heures / À préparer la veille

Pour 4 personnes

2 kg de jambon ou d'épaule demi-sel avec la couenne
1 pied de veau · 2 gousses d'ail · 3 échalotes · 1 bouquet garni
1 beau bouquet de persil plat · 1 bouquet d'estragon
10 cl de vinaigre de vin blanc · sel, poivre du moulin
1 oignon piqué d'un clou de girofle

Pour le court-bouillon

2 carottes · 1 oignon · 2 gousses d'ail · 1 bouquet garni
1 branche de céleri · 1 bouteille de bourgogne blanc

1. Faites dessaler le porc pendant 12 heures dans un grand volume d'eau froide, changez-la régulièrement.

2. Le lendemain, préparez le court-bouillon : pelez les carottes, l'oignon, l'ail et le céleri, coupez le tout en gros morceaux. Mettez-les dans une marmite, ajoutez le bouquet garni et le vin blanc, posez-y la viande, recouvrez-la d'eau, portez à ébullition sur feu vif et laissez cuire pendant 30 minutes.

3. Au bout de ce temps, égouttez le porc puis replacez-le dans la marmite avec le pied de veau fendu en deux et la couenne, les carottes, l'oignon et l'ail, le bouquet garni, le sel et poivre. Reversez le bouillon filtré dans la marmite, complétez avec un peu d'eau si nécessaire, couvrez et portez à ébullition sur feu doux pendant 3 heures. La chair doit alors se détacher facilement.

4. Pelez et hachez finement les échalotes et l'ail, lavez le persil et l'estragon, séchez-les et ciselez-les finement. Sortez les viandes du bouillon, retirez l'os et détachez la chair du porc en gros morceaux, incorporez le persil et l'estragon. Coupez au couteau la chair du pied de veau ainsi que la couenne et mélangez le tout grossièrement, c'est-à-dire la viande de porc, la couenne, la viande du pied de veau, l'ail, l'échalote, le persil et l'estragon. Détaillez la viande en morceaux ou en lamelles.

5. Prélevez environ 1 litre de bouillon de cuisson, filtrez-le, ajoutez le vinaigre et faites réduire sur feu vif.

6. Versez une louche de ce bouillon dans le fond d'une terrine ou d'un saladier, laissez prendre un peu puis étalez une couche de viande aux herbes, disposez en alternance avec des couches de porc et de hachis en ajoutant du bouillon entre chaque couche et en terminant par une couche de hachis. Tapez bien le récipient sur le plan de travail pour faire pénétrer le bouillon de toutes parts, mettez une planchette sur la terrine, posez un poids dessus et laissez refroidir dans le réfrigérateur jusqu'au lendemain. Le jus en refroidissant va former une gelée.

7. Pour servir, découpez des tranches de jambon persillé directement de la terrine. Servez avec du pain de campagne.

Pieds de porc panés à la moutarde

Temps de préparation : 25 min / Temps de cuisson : 30 min

Pour 4 personnes

4 pieds de porc · 2 œufs · 1 cuill. à soupe d'huile
d'arachide
2 cuill. à soupe de farine
2 cuill. à soupe de chapelure · 30 g de beurre
sel, poivre du moulin · 1 bocal de moutarde de Meaux

1. Fendez les pieds de porc en deux dans leur longueur et séparez les moitiés.

2. Prenez trois assiettes creuses, battez les œufs avec l'huile, du sel, du poivre dans la première, mettez la farine dans la deuxième et la chapelure dans la troisième.

3. Allumez le gril de votre four, passez chaque moitié de pied de porc dans la farine, puis dans l'œuf et enfin dans la chapelure, enrobez-les bien de ces trois garnitures, avec un pinceau badigeonnez-les de beurre fondu, faites-les griller directement sous le gril de votre four ou, si vous disposez d'un barbecue, sur le barbecue avec ses braises bien incandescentes, arrosez-les plusieurs fois avec un peu de beurre et servez-les bien chauds avec de la moutarde de Meaux.

4. Vous pouvez servir ces pieds de porc avec de la purée de pois cassés.

Pieds et oreilles grillés

Temps de préparation : 10 min / Temps de cuisson : 12 min

Pour 4 personnes

2 pieds de porc cuits · 2 oreilles de porc cuites
100 g de beurre demi-sel · 80 g de chapelure
2 cuill. à soupe de moutarde de Dijon

1. Allumez le four, position gril. Faites fondre le beurre sur feu très doux. Versez la chapelure dans une grande assiette creuse.

2. Badigeonnez les pieds et les oreilles de porc avec de la moutarde, roulez-les dans la chapelure, pressez bien pour qu'elle adhère parfaitement et rangez-les dans un grand plat allant au four.

3. Arrosez-les avec la moitié du beurre fondu, placez-les sur le gril et laissez-les cuire pendant 6 minutes environ. Retournez-les, arrosez-les du reste du beurre, laissez-les griller encore 6 minutes. Servez de suite, bien chaud.

Lapin en gelée

Temps de préparation : 1 h / Temps de cuisson : 1 h
Temps de marinade : 12 h

───────── *Pour 4 personnes* ─────────

1 beau lapin du Poitou entièrement désossé et coupé en
morceaux par votre volailler (avec les os, séparément)
100 g de lard maigre · 2 carottes · 2 oignons
1 pied de veau · 1 beau bouquet de persil plat

Pour la marinade
1/2 bouteille de vin blanc sec de bonne qualité
1 verre d'huile d'olive · 2 oignons · 2 carottes
1 bouquet garni · sel, poivre

1. La veille, préparez la marinade : versez dans un grand plat creux le vin blanc avec l'huile d'olive, ajoutez le bouquet garni, salez, poivrez. Pelez les oignons et les carottes, coupez-les en morceaux et ajoutez-les dans la marinade. Placez-y les morceaux de lapin et le foie, mélangez, couvrez avec un film étirable ou du papier en aluminium et laissez mariner pendant 12 heures en remuant les morceaux de lapin de temps à autre.

2. Le lendemain, préparez la gelée : pelez et coupez en morceaux un oignon et une carotte, faites-les cuire pendant 1 heure avec les os du lapin et le pied de veau. Au bout de 1 heure, filtrez la gelée dans une passoire à trous très fins (ou mieux, dans un chinois) et laissez-la tiédir.

3. Coupez le lard en belles tranches bien fines et recouvrez-en le fond et les parois d'une terrine. Pelez et hachez l'oignon et la carotte restants, remplissez la terrine avec les morceaux de lapin, répartissez l'oignon et la carotte, mouillez avec un peu de marinade, couvrez la terrine et

laissez cuire environ 1 heure en surveillant la cuisson – il faut qu'il y ait toujours du liquide dans la terrine. Au besoin, vous pouvez la placer dans un bain-marie.

4. Lorsque le lapin a cuit 1 heure environ, sortez la terrine du four, laissez-le tiédir. Lavez et ciselez finement le persil plat, ajoutez-le dans la gelée qui est en train de se former ; elle ne doit pas encore être solide.

5. Prélevez les cuisses et deux beaux râbles de lapin entiers de la terrine. Hachez-les grossièrement au couteau ou au hachoir manuel, gardez entier le reste des râbles et le foie du lapin. Versez une partie de la gelée dans la terrine, disposez les râbles entiers et le foie, recouvrez d'une couche de lapin haché, une couche de gelée, une couche de lapin haché, jusqu'à la fin des ingrédients. Tassez bien, recouvrez du reste de la gelée – le lapin doit en être totalement recouvert. Posez le couvercle sur la terrine et laissez refroidir complètement. Attendez 1 ou 2 jours avant de déguster cette « terrine » de lapin.

Fromage de tête de porc

Temps de préparation : 1 h / Temps de cuisson : de 5 à 8 h
Temps de réfrigération : 24 h
À préparer plusieurs jours à l'avance

Pour 4 personnes

1 tête de porc · 1 l de vin blanc sec
2 bouquets garnis (thym, laurier, persil, céleri)
3 oignons · 2 clous de girofle
4 carottes · 1 pied de porc
sel, poivre

1. Pelez les oignons et piquez-en deux d'un clou de girofle. Pelez les carottes, coupez-les en gros morceaux, puis mettez-les dans une grande marmite. Ajoutez-y les bouquets garnis, placez-y la tête de porc et le pied de porc fendu en deux, ajoutez le vin blanc, salez, poivrez et recouvrez d'eau. Faites cuire au minimum 5 heures, voire jusqu'à 8 heures selon que les viandes sont posées les unes sur les autres ou, au contraire, bien étalées. Écumez régulièrement.

2. Laissez les viandes refroidir dans le liquide de cuisson puis prélevez-les. Découpez la tête de porc en lanières ; grattez la chair des demipieds de porc, mélangez bien toutes les viandes dans un grand saladier transparent, filtrez le bouillon de cuisson, versez-le sur les viandes jusqu'à les recouvrir complètement. Laissez prendre en gelée au moins 24 heures, voire 36 heures.

3. Au moment de servir, coupez le fromage de tête en belles tranches, posez-les sur un lit de salade verte et accompagnez-les de petits cornichons au vinaigre.

Mon Conseil

Transformez cette recette de base en un plat de fête !
Ajoutez-y des pistaches décortiquées, non salées,
que vous aurez plongées pendant 1 minute dans de
l'eau bouillante et dont vous aurez ôté la pellicule qui
les entoure, au moment de laisser les viandes refroidir
(cf chapitre 2). Vous pouvez aussi y ajouter un hachis
d'ail, d'échalote et de persil plat.

Museau de bœuf à la vinaigrette

Temps de préparation : 1 h / Temps de cuisson : 7 h
Temps de réfrigiration : 24 h

Pour 4 personnes

1 museau de bœuf commandé chez votre tripier
1 pied de veau · 3 carottes · 3 oignons dont 2 piqués d'un clou
de girofle · 1 bouquet garni · gros sel · 5 grains de poivre

Pour la vinaigrette

3 cuill. à soupe d'huile d'arachide
1 cuill. à café de vinaigre de vin vieux
1/2 cuill. à café de moutarde de Meaux
sel, poivre · 1/2 bouquet de persil plat
1/2 bouquet de cerfeuil · 1/2 bouquet de ciboulette

1. Faites bouillir 3 litres d'eau avec un bouquet garni, deux oignons piqués d'un clou de girofle, trois carottes pelées et coupées en rondelles, salez avec du gros sel et poivrez avec des grains de poivre entier. Laissez bouillir pendant 20 minutes.

2. Plongez le museau dans l'eau bouillante et laissez cuire pendant 1 heure. Après 30 minutes de cuisson, ajoutez le pied de veau fendu en deux et laissez cuire encore pendant 30 minutes. Au bout de ce temps, le museau est « échaudé », c'est-à-dire débarrassé de ses muqueuses, ce qui le rend propre à la consommation. Prélevez le pied de veau et le museau, filtrez très soigneusement le liquide de cuisson, de préférence dans un chinois, puis reportez-le sur feu vif. Plongez-y de nouveau les viandes, couvrez et laissez cuire à petits bouillons pendant 5 heures. Écumez régulièrement pour que le bouillon reste clair.

3. Au bout de ce temps, la viande doit pouvoir se détacher facilement, laissez-la refroidir dans son liquide de cuisson.

4. Lorsque le museau est refroidi, prélevez-le et coupez-le en gros morceaux. Prélevez les demi-pieds de veau, grattez la chair, mélangez-la avec le museau et mettez le tout dans une grande terrine. Couvrez avec le bouillon de cuisson parfaitement filtré, fermez la terrine et laissez « prendre » pendant 24 heures au minimum.

5. Au moment de servir, préparez la vinaigrette : mélangez l'huile avec le vinaigre, salez, poivrez, ajoutez la moutarde de Meaux, mélangez bien le tout, ciselez au-dessus le persil, le cerfeuil et la ciboulette. Mélangez bien la vinaigrette.

6. Démoulez le museau en retournant la terrine d'un coup sec sur une grande surface propre. Coupez le museau en très fines lamelles, mettez-les dans un saladier, recouvrez-les de la vinaigrette aux herbes et servez immédiatement.

Pressé de queue de bœuf aux blancs de poireaux

Temps de préparation : 20 min / Temps de cuisson : 2 h
Temps de réfrigération : 24 h

Pour 4 personnes

1 kg de queue de bœuf

2 carottes · 2 oignons · 8 poireaux nouveaux

2 bouquets garnis

2 gousses d'ail · 1/2 bouquet de cerfeuil

2 cuill. à soupe d'huile d'olive · sel, poivre

1 cuill. à café de gelée en poudre

1. Pelez les légumes (carottes, oignons, poireaux, ail), coupez-les en morceaux, mettez-les dans une sauteuse, ajoutez les bouquets garnis, couvrez-les d'eau et portez à ébullition. Coupez la queue de bœuf en tronçons réguliers de 6 ou 7 cm et plongez-les dans le bouillon, laissez-les cuire pendant 2 heures environ, couvert, en écumant très régulièrement.

2. Pelez les poireaux, n'en gardez que les blancs (les verts serviront pour une soupe poireaux-pomme de terre) et faites-les cuire à la vapeur pendant 15 minutes.

3. Lorsque la queue de bœuf est bien cuite et que la chair se défait facilement, prélevez-la avec une écumoire, faites-la égoutter, désossez-la et séchez-la sur du papier absorbant.

4. Versez un peu de gelée dans le fond d'une belle terrine en porcelaine blanche. Tournez-la pour que la gelée adhère aux parois, étalez une couche de queue de bœuf puis au-dessus une couche de poireaux, une couche de queue de bœuf, une couche de poireaux, terminez par une couche de queue de bœuf. Recouvrez de gelée, posez une planchette en bois, tassez bien et mettez un poids dessus. Laissez au frais pour 24 heures au minimum.

5. Au moment de servir, démoulez la queue de bœuf en retournant la terrine d'un coup sec sur un grand plat de service, coupez le pressé de queue de bœuf en belles tranches et déposez quelques brins de cerfeuil, arrosez d'un filet d'huile d'olive.

Mon Conseil

Pour préparer la gelée de cette recette,
vous pouvez ajouter un demi-pied de veau dans le
liquide de cuisson de la queue de bœuf.
Vous aurez ainsi une gelée toute prête.

Poivrons marinés à l'huile d'olive

Temps de préparation : 40 min / Temps de cuisson : 30 min
À préparer la veille

─────────── ***Pour 4 personnes*** ───────────

3 poivrons rouges · 3 poivrons jaunes
1 tête d'ail nouveau · 3 dl d'huile d'olive extra-vierge
1 citron vert · sel, poivre

1. Allumez le four (thermostat 9). Lavez les poivrons et séchez-les dans du papier absorbant. Posez-les sur la lèchefrite de votre four et laissez-les noircir en les retournant de temps à autre. Lorsqu'ils sont bien noirs sur toutes leurs faces, sortez-les du four et laissez-les tiédir.
2. Pelez les gousses d'ail, émincez-les en fines lamelles. Pelez les poivrons, ouvrez-les en deux, retirez les pédoncules et épépinez-les très soi-gneusement. Coupez-les en belles lanières et placez-les, au fur et à mesure, dans une terrine en porcelaine blanche en recouvrant chaque couche de lanières de poivrons de quelques lamelles d'ail. Salez et poivrez régulièrement. Recouvrez-les d'huile d'olive, du jus de citron vert, posez le couvercle de la terrine et laissez mariner si possible une journée entière.
3. Servez bien frais, avec du pain grillé.

Poireaux vinaigrette

Temps de préparation : 25 min / Temps de cuisson : 20 min

─────────── ***Pour 4 personnes*** ───────────

1 kg de petits poireaux nouveaux · 4 œufs

Pour la vinaigrette
1 cuill. à soupe de vinaigre de vin vieux · 4 cuill. à soupe
d'huile d'olive · 2 échalotes · sel, poivre du moulin
1 bouquet de cerfeuil ou de ciboulette

1. Coupez la partie verte des poireaux, jetez-la. Lavez les blancs de poireaux, épluchez-les et coupez-les en tronçons de 10 cm de longueur. Faites-les cuire dans un cuit-vapeur pendant 10 minutes selon leur grosseur.
2. Pendant la cuisson des poireaux, faites dur-cir les œufs 9 minutes. Pelez et hachez les écha-lotes.
3. Préparez la vinaigrette : émulsionnez l'huile avec le vinaigre, ajoutez le hachis d'échalotes, salez, poivrez, mélangez bien, ciselez la moitié du bouquet de cerfeuil.
4. Lorsque les poireaux sont cuits, laissez-les tiédir, posez-les sur du papier absorbant. Écalez les œufs et passez-les sous l'eau fraîche.
5. Disposez les poireaux sur un plat, entourez-les de huit quartiers d'œufs. Hachez grossière-ment les œufs restants, recouvrez-en les poireaux, arrosez avec la vinaigrette, ciselez le reste de cerfeuil et servez aussitôt.

Frisée aux lardons

Temps de préparation : 10 min / Temps de cuisson : 5 min

_____ ***Pour 4 personnes*** _____

1 belle salade frisée bien jaune · 200 g de lard fumé maigre

*** Pour la sauce moutarde***

4 cuill. à soupe d'huile de tournesol · 1 cuill. à soupe
de vinaigre de vin vieux · 1 cuill. à café de moutarde
de Meaux · 2 échalotes · sel, poivre

1. Lavez bien la frisée, égouttez-la, essorez-la et détaillez-la en grosses feuilles.

2. Éliminez la partie gélatineuse du lard, détaillez-le en petits lardons. Faites-les blanchir dans de l'eau bouillante, égouttez-les et faites-les sauter dans une poêle à revêtement antiadhésif.

3. Préparez la sauce moutarde : pelez et hachez les échalotes ; mélangez la moutarde avec le vinaigre, ajoutez les échalotes, salez, poivrez, versez l'huile en mince filet comme vous le feriez pour préparer une mayonnaise.

4. Placez les feuilles de frisée dans un grand saladier, recouvrez avec la sauce moutarde, remuez avec des couverts à salade et servez immédiatement avec des croûtons aillés.

Foie gras au muscat

Temps de préparation : 20 min
Temps de cuisson : 20 min ou 1 h
Temps de marinade : 12 h

Pour 4 personnes

2 foies gras de 400 à 500 g environ
sel, poivre · 1/2 citron
1 bouteille de vin de muscat

1. Parez et dénervez soigneusement les foies gras, retirez bien tous les nerfs pour que les foies soient parfaitement propres. Séchez-les dans du papier absorbant, salez les lobes, poivrez-les, ajoutez quelques gouttes de jus de citron pour qu'ils restent bien blancs, mettez-les dans une cocotte et recouvrez-les de muscat. Laissez-les ainsi mariner pendant 12 heures au frais.

2. Le lendemain, chauffez le four à 190 °C, glissez la cocotte dans le four préchauffé et laissez cuire 10 minutes environ.

3. Au bout de ce temps, sortez la cocotte du four, mettez les foies gras dans une terrine en terre blanche, recouvrez-les avec le vin de la marinade et glissez à nouveau la terrine dans le four pour 10 minutes supplémentaires.

4. Au bout de ce temps, les foies doivent être mi-cuits, sortez la terrine du four, laissez refroidir puis placez la terrine dans le réfrigérateur jusqu'au moment de servir. De préférence, attendez 24 heures ; il faut que les foies aient le temps de se « tasser ».

Mon Conseil

Si vous préférez du foie gras cuit et non mi-cuit comme dans cette recette, faites chauffer le four à 90 °C, plongez la terrine dans un bain-marie et laissez cuire 1 heure. Au bout de ce temps, sortez la terrine du four, laissez-la refroidir à température ambiante, puis placez-la au réfrigérateur.

Œufs en meurette

Temps de préparation : 30 min / Temps de cuisson : 30 min

Pour 4 personnes

1/2 l de vin rouge d'Anjou · 2 petites carottes
nouvelles · 1 oignon · 4 échalotes · 200 g de poitrine fumée
1 bouquet garni (thym, laurier, persil, céleri)
sel, poivre du moulin · 4 gousses d'ail · 8 œufs
1 bouquet de persil plat ou d'estragon
1 baguette légèrement rassise

1. Pelez les carottes, l'oignon et les échalotes, hachez grossièrement le tout.

2. Versez le vin d'Anjou dans une casserole, portez-le à douce ébullition, ajoutez-y le hachis d'oignon, d'échalotes et de carottes, le bouquet garni, laissez frémir sur feu doux (ajoutez éventuellement un demi-morceau de sucre pour en retirer l'acidité) pendant 10 minutes environ.

3. Pelez 3 gousses d'ail, émincez-les en fines lamelles.

4. Éliminez la partie cartilagineuse du lard, détaillez-le en petits lardons. Mettez-les dans de l'eau froide, portez-les à ébullition pendant 3 minutes, égouttez-les et réservez-les.

5. Coupez la baguette en rondelles, éliminez la croûte, frottez les rondelles avec l'ail sur leurs deux faces, puis détaillez-les en petits croûtons. Réservez.

6. Tamisez au travers d'une passoire fine la sauce au vin ; versez-la dans une casserole et faites-y pocher les œufs un à un sur feu très doux (le pochage dure environ 5 minutes).

7. Plongez des assiettes creuses dans de l'eau bouillante, séchez-les, placez sur les assiettes les croûtons aillés, posez deux œufs au centre de l'assiette, versez la sauce au vin et parsemez les petits lardons. Recouvrez de persil plat ou d'estragon finement ciselé.

Mon Conseil

*Utilisez de préférence du vin rouge d'Anjou
du château de Tigné.*

Œufs brouillés aux pointes d'asperges

Temps de préparation : 30 min / Temps de cuisson : 15 min

Pour 4 personnes

2 bottes d'asperges, vertes de préférence
80 g de beurre · 8 œufs
1/2 baguette rassise · sel, poivre

1. Ne gardez que la pointe verte des asperges, ne les pelez que si nécessaire. Faites-les cuire à la vapeur pendant 7 minutes environ et laissez-les tiédir.

2. Faites fondre 20 g de beurre dans une poêle, ajoutez-y les pointes d'asperges et laissez-les cuire, couvertes, pendant 5 minutes environ, retournez-les de temps à autre.

3. Cassez les œufs, battez-les très légèrement. Faites fondre 20 g de beurre dans une sauteuse à revêtement antiadhésif, versez les œufs juste battus ou plutôt délayés et remuez avec une cuillère en bois. Faites-les cuire au bain-marie sans cesser de remuer. Lorsqu'ils commencent à « prendre », c'est-à-dire qu'ils commencent à s'accrocher aux parois, éteignez le feu, couvrez et laissez en attente.

4. Coupez la baguette en belles rondelles. Faites fondre 30 g de beurre dans une grande poêle, mettez-y les croûtons de baguette et faites-les frire pendant 5 minutes sur chaque face. Ajoutez le reste de beurre par parcelles dans les œufs brouillés, remuez et ajoutez enfin les pointes d'asperges en prenant soin de ne pas les casser.

5. Sur des assiettes chaudes, étalez un peu d'œufs brouillés aux pointes d'asperges, entourez-les de croûtons rissolés et servez aussitôt.

6. À la saison des girolles préparez la même recette, mais utilisez des girolles, à la place des asperges.

Mon Conseil

*En période de fête, détaillez une petite truffe noire
ou blanche en fines lamelles.*

Quiche lorraine

Temps de préparation : 20 min / Temps de cuisson : 30 min
À préparer la veille

Pour 4 personnes

250 g de poitrine fumée · 100 g de crème fraîche épaisse
1/2 l de lait · 5 œufs · sel, poivre · 1 pincée de muscade
10 g de beurre pour le moule · 100 g de fromage de comté
4 beaux oignons · 20 g de farine

Pour la pâte brisée

250 g de farine tamisée · 140 g de beurre ramolli
1 œuf · 1 pincée de sel · 2 dl d'eau

1. La veille, préparez la pâte brisée : dans un grand saladier, versez la farine tamisée, formez un puits, ajoutez le sel, cassez-y l'œuf au centre, mélangez du bout des doigts avec le beurre coupé en petites parcelles, versez de l'eau au fur et à mesure jusqu'à ce que la pâte forme une masse légèrement élastique. Roulez-la en boule, mettez-la dans une feuille de papier étirable et laissez-la reposer pendant 12 heures.

2. Le lendemain, allumez le four, thermostat 6 (180 °C). Beurrez un grand moule à bords hauts.

3. Sortez la pâte de son enveloppement. Sur une grande surface légèrement farinée, étirez-la avec un rouleau à pâtisserie, étalez-la dans le moule en recouvrant bien les bords et faites-la cuire à blanc, c'est-à-dire recouverte de haricots secs pendant 10 minutes environ.

4. Pendant ce temps, préparez la garniture : pelez les oignons, hachez-les grossièrement. Éliminez la couenne de la poitrine fumée, détaillez-la en petits lardons ; faites-les blanchir pendant 5 minutes dans de l'eau bouillante, égouttez-les. Râpez grossièrement le fromage de comté.

5. Dans une grande poêle à revêtement anti-adhésif, faites revenir les oignons. Lorsqu'ils sont transparents, ajoutez-y les lardons et laissez grésiller le tout pendant 5 minutes.

6. Dans un grand saladier, battez les œufs avec la crème fraîche, le lait, la moitié du fromage râpé, le sel, le poivre et la noix de muscade. Ajoutez les oignons et les lardons, mélangez bien le tout.

7. Sortez la pâte du four, retirez les haricots et versez la préparation aux œufs sur la surface. Parsemez le reste de comté et replacez le plat dans le four pour 20 minutes environ – le dessus doit être légèrement doré, croustillant, mais l'intérieur doit rester bien moelleux.

Mon Conseil

J'aime la quiche lorraine avec des oignons mais la vraie recette n'en contient pas. À vous de voir…

Ravioles aux langoustines et au persil plat

Temps de préparation : 30 min / Temps de cuisson : 1 min

Pour 4 personnes

16 petites langoustines bien fraîches
1 bouquet de persil plat
50 g de beurre · 1/2 citron de Menton
1 paquet de pâtes à raviolis acheté chez un traiteur chinois

1. Décortiquez les langoustines ; retirez leur tête et leur queue.

2. Lavez le persil, séchez-le dans du papier absorbant et effeuillez-le en belles pluches.

3. Étalez les feuilles de pâte à raviolis, disposez deux pluches de persil, puis une langoustine sur chaque feuille, recouvrez de deux pluches de persil, étalez une seconde feuille de pâte à raviolis en prenant soin de coller la pâte avec un jaune d'œuf. Détachez les raviolis à la forme de votre choix (carrés sur la photo) avec un couteau.

4. Faites cuire les raviolis pendant 1 minute dans une grande quantité d'eau salée. Égouttez-les soigneusement et nappez-les de beurre fondu légèrement citronné.

5. Servez immédiatement bien chaud.

Escargots en persillade

Temps de préparation : 15 min / Temps de cuisson : 20 min

—————— *Pour 4 personnes* ——————

24 escargots de Bourgogne ou **24** petit-gris déjà cuits
au naturel · **100 g** de beurre très frais · **1** bouquet de
persil plat · **2** gousses d'ail · sel, poivre

1. Faites bouillir de l'eau salée, plongez-y les escargots et laissez-les blanchir pendant une dizaine de minutes.

2. Égouttez-les dans une grande passoire et laissez-les tiédir. Pendant ce temps, préparez le beurre d'escargot : écrasez à la fourchette le beurre, ajoutez les gousses d'ail pelées et écrasées au mortier ainsi que le persil finement ciselé, salez, poivrez, mélangez bien le tout pour former une pommade bien aromatisée.

3. Décoquillez soigneusement les escargots et supprimez-en l'extrémité noire qui donnerait un goût âcre. Replacez-les dans leur coquille et ajoutez un peu du beurre aromatisé que vous venez de préparer. Posez les escargots dans une belle poêle et faites-les cuire jusqu'à ce que le beurre frémisse.

4. Posez-les sur des assiettes creuses recouvertes de gros sel pour pouvoir les maintenir debout. Servez avec une baguette bien fraîche.

Les soupes et les plats uniques

J'adore les plats qui mijotent pendant des heures
à feu doux et, de tous, c'est la soupe que je
préfère. De tout temps, la soupe a constitué le
repas familial traditionnel, et c'est fascinant de
voir combien il en existe de variantes, rien qu'en
France — des soupes de légumes dont les saveurs
changent selon les mélanges qui les composent,
comme le potage cultivateur, à celles préparées
à base de poisson, comme la bouillabaisse
provençale servie avec une sauce rouille.
La soupe est toujours un régal.

Minestrone

Temps de préparation : 1 h / Temps de cuisson : 1 h
Temps de trempage : 12 h

————————— *Pour 4 personnes* —————————

200 g de haricots cocos ou de haricots tarbais
200 g de fèves fraîches · 200 g de petits pois frais
2 courgettes · 2 carottes · 1 poivron rouge · 4 tomates
3 gousses d'ail · 1 branche de céleri · 1 bouquet garni
(thym, laurier, persil) · 1 branche de romarin frais
8 feuilles de basilic · 50 g de rigatis (ou autres pâtes)
huile d'olive · sel, poivre · croûtons, parmesan,
pistou, tapenade, à volonté sur la table

1. La veille, faites tremper les haricots secs pendant 12 heures.

2. Le lendemain, pelez les gousses d'ail et la branche de céleri. Lavez les courgettes, coupez-les en petits dés sans les éplucher. Épluchez les carottes, coupez-les en petits dés. Lavez les tomates ; coupez-les en dés. Lavez le poivron ; épépinez-le et coupez-le également en petits dés. Écrasez les gousses d'ail au mortier. Détaillez les branches de céleri en petits dés.

3. Égouttez les haricots, lavez-les une dernière fois. Écossez les fèves et les petits pois ; faites cuire les haricots et les fèves dans 1 litre d'eau pendant 30 minutes environ. À mi-cuisson, ajoutez les petits pois et les dés de poivron.

4. Au bout de 30 minutes de cuisson, ajoutez tous les dés de légumes dans l'eau de cuisson des haricots, enfoncez-y le bouquet garni et le romarin, salez, poivrez, couvrez et laissez cuire à petit feu pendant encore une trentaine de minutes.

5. Pendant ce temps, faites cuire les pâtes dans de l'eau bouillante salée pendant 7 minutes ; égouttez-les.

6. Retirez le bouquet garni et la branche de romarin, ajoutez les rigatis dans la soupe et laissez cuire encore 5 minutes.

7. Au bout de ce temps, le minestrone est prêt : versez-le dans des assiettes préchauffées. Ciselez au-dessus les feuilles de basilic fraîches, versez un filet d'huile d'olive.

8. Servez chaud ou tiède.

————————— *Mon Conseil* —————————

Servez avec des croûtons, du parmesan fraîchement râpé, du pistou et de la tapenade, chacun se servira à sa guise.

Crème d'asperges vertes à l'oseille

Temps de préparation : 30 min / Temps de cuisson : 2 h 15

Pour 4 personnes

1 kg d'asperges vertes
1 botte de petits oignons nouveaux (= 150 g)
0,5 dl d'huile d'olive · 50 g de beurre
1 dl de crème fraîche · 50 g d'oseille

Pour le bouillon de volaille

500 g de carcasses et d'abattis de volailles
100 g de carottes · 100 g d'oignons
100 g de blancs de poireaux
100 g de céleri · 1 bouquet garni · sel, poivre

1. Préparez le bouillon de volaille : placez les carcasses et les abattis de volaille dans une marmite, recouvrez-les d'eau froide, portez à ébullition, écumez régulièrement et ajoutez de l'eau au fur et à mesure que vous écumez en retirant la mousse qui se forme à la surface. Dégraissez avec une écumoire.

2. Pelez tous les légumes, coupez-les en petits morceaux, ajoutez-les dans la marmite, enfoncez le bouquet garni, salez, poivrez et laissez cuire 1 à 2 heures en écumant toujours régulièrement.

3. Au bout de ce temps, prélevez les carcasses et les abattis de volaille avec une écumoire et laissez le bouillon tiédir. Filtrez-le dans une passoire à trous très fins (chinois). Utilisez-le tout de suite ou versez-le dans des bouteilles pour une utilisation ultérieure.

4. Pelez les asperges, coupez-les en morceaux, réservez les pointes pour la décoration. Pelez et émincez les oignons (y compris les tiges vertes) ; pesez-en 150 g, réservez.

5. Faites chauffer la moitié de l'huile d'olive dans une casserole, mettez-y à blondir les oignons (avec les tiges vertes), versez 1 litre de fond de volaille, ajoutez les asperges (sans les pointes) et faites cuire pendant 10 minutes.

6. Versez cette préparation dans le blender d'un robot électrique, actionnez l'appareil jusqu'à ce que le potage forme un velouté bien homogène. Laissez-le refroidir sur de la glace pilée.

7. Pendant ce temps, fouettez la crème fraîche avec un mixeur jusqu'à ce qu'elle soit émulsionnée mais pas encore en « chantilly ».

8. Dans une petite casserole, faites fondre 20 g de beurre, ajoutez-y l'oseille. Remuez bien avec une cuillère en bois jusqu'à ce que l'oseille soit complètement ramollie.

9. Faites réchauffer le velouté d'asperges. Ajoutez-y l'oseille, fouettez bien, goûtez et rectifiez l'assaisonnement. Ajoutez les pointes d'asperges réservées, laissez cuire doucement sans faire bouillir ; ajoutez le reste de beurre coupé en petites parcelles.

10. Versez ce potage dans une soupière bien chaude, arrosez d'un filet d'huile d'olive, posez au centre une quenelle de crème fouettée. Servez immédiatement.

Crème d'artichauts aux châtaignes

Temps de préparation : 1 h / Temps de cuisson : 1 h 20

―――――――*Pour 4 personnes*―――――――

8 artichauts poivrade · 1/4 l de lait

80 g de crème fraîche · 60 g de beurre · sel, poivre

1 bocal de 250 g de châtaignes

1. Faites cuire les artichauts dans une grande quantité d'eau bouillante salée pendant 15 minutes à l'autocuiseur. Lorsqu'ils sont cuits, égouttez-les, enlevez les feuilles et le foin. Émincez les fonds d'artichauts en fines lamelles, mettez-les dans une casserole, ajoutez le beurre, le lait, la moitié de la crème fraîche, le sel et le poivre, faites cuire pendant 15 minutes, à couvert.

2. Lorsque les artichauts sont cuits, versez-les dans le blender d'un robot électrique, actionnez l'appareil jusqu'à former une crème bien onctueuse. Reversez cette crème dans une casserole au travers d'un chinois, faites-la réchauffer. Ajoutez le reste de crème fraîche.

3. Pendant ce temps, faites réchauffer les châtaignes dans une poêle antiadhésive.

4. Au moment de servir, versez la crème d'artichauts dans une belle soupière préchauffée et répartissez les châtaignes.

Soupe d'ail rose

Temps de préparation : 20 min / Temps de cuisson : 1 h

Pour 4 personnes

12 gousses d'ail rose · 2 pommes de terre · 1 oignon
2 verres de bouillon de volaille (voir recette page 66)
2 verres de fond blanc de veau (voir recette page 79)
1 bouquet garni · 1 dl d'huile d'olive
1 baguette rassise · 50 g de beurre demi-sel
1/2 bouquet de cerfeuil (facultatif)

1. Épluchez les gousses d'ail, coupez-les en deux. Épluchez les pommes de terre et l'oignon, coupez-les en petits morceaux.

2. Faites fondre 20 grammes de beurre dans une grande casserole et faites-y revenir l'oignon pendant 10 minutes sur feu très doux sans le laisser dorer, remuez régulièrement. Ajoutez les gousses d'ail, les pommes de terre, versez le bouillon de poule et le fond blanc de veau, ajoutez le bouquet garni, portez à ébullition et laissez cuire, à couvert, pendant 45 minutes. Ajoutez un peu d'eau en cours de cuisson.

3. En fin de cuisson, retirez le bouquet garni, prélevez l'ail avec une écumoire, écrasez-le au mortier, replacez-le dans la casserole et remuez bien.

4. Versez la soupe dans le blender d'un robot électrique, actionnez l'appareil et formez une belle soupe bien onctueuse. Passez-la au chinois, reversez-la dans la casserole et faites-la réchauffer. À l'aide d'un fouet, « battez-la » avec un filet d'huile d'olive.

5. Au moment de servir, préparez les petits croûtons : coupez la baguette en rondelles, retirez la croûte, détaillez-la en petits dés, faites-les frire dans le reste de beurre demi-sel.

6. Versez la soupe dans une soupière chaude et parsemez les petits croûtons. Vous pouvez également ciseler un demi-bouquet de cerfeuil à la dernière minute.

7. Servez immédiatement bien chaud.

Mon Conseil

En plus de sa saveur particulièrement fine, cette soupe d'ail est recommandée pour les personnes rencontrant des problèmes cardio-vasculaires et respiratoires…

Soupe aux fèves

Temps de préparation : 30 min / Temps de cuisson : 1 h

Pour 4 personnes

600 g de fèves fraîches · 1 pomme de terre
2 échalotes · 1 feuille de sauge
1 brindille de sarriette
1/2 bouquet de basilic · sel, poivre
100 g de crème fraîche
1 bouquet de ciboulette

1. Écossez les fèves, plongez-les dans de l'eau bouillante pendant 1 minute, égouttez-les et pelez-les.

2. Pelez les échalotes et la pomme de terre, hachez les échalotes, coupez la pomme de terre en petits dés.

3. Faites un bouillon avec 1 litre d'eau dans laquelle vous ajoutez la sauge, la sarriette, le sel, le poivre, portez à ébullition. Plongez-y les fèves et laissez cuire environ 1 heure.

4. Au bout de 30 minutes, ajoutez la pomme de terre coupée en petits dés et les échalotes hachées, laissez encore cuire 30 minutes sur feu doux.

5. Lorsque les fèves sont cuites, versez la soupe au travers d'une passoire et réservez un quart des fèves entières dans un saladier. Versez le reste dans le bol d'un mixeur électrique, ajoutez du liquide de cuisson, actionnez l'appareil jusqu'à former une soupe bien onctueuse. Versez au fur et à mesure du jus de cuisson jusqu'à la consistance désirée.

6. Versez cette soupe dans une casserole, ajoutez la crème fraîche et le basilic. Faites réchauffer et, lorsque la soupe est bien chaude, versez-la dans des assiettes préchauffées, recouvrez des fèves réservées, ciselez au-dessus la ciboulette fraîche.

Mon Conseil

À la place de la ciboulette, vous pouvez utiliser du cerfeuil ou du persil plat. J'ajoute parfois au dernier moment à cette soupe des petits dés de poitrine de porc fumée.

Soupe à la tomate et au potiron

Temps de préparation : 30 min / Temps de cuisson : 30 min

Pour 4 personnes

500 g de potiron bien mûr · 4 belles tomates
2 pommes de terre · 2 poireaux · 20 g de beurre
20 cl de crème fraîche
20 g de copeaux de parmesan · noix de muscade
16 croûtons de pain · 1 gousse d'ail
sel, poivre

1. Épluchez le potiron et coupez-le en cubes de 2 cm de côté. Épluchez les pommes de terre, lavez-les et coupez-les en morceaux. Lavez les poireaux, émincez-les finement. Lavez les tomates, plongez-les dans de l'eau bouillante pendant 1 minute, pelez-les, coupez-les en dés, épépinez-les et écrasez-les grossièrement.

2. Dans une grande poêle, faites revenir l'émincé de poireaux dans 20 g de beurre, ajoutez les dés de tomates et formez un coulis bien onctueux. Ajoutez alors les cubes de potiron et de pommes de terre, mouillez d'eau juste à hauteur, salez, poivrez, couvrez et laissez cuire une bonne vingtaine de minutes.

3. Lorsque les cubes de potiron sont cuits, versez le contenu de la poêle dans le blender d'un mixeur, actionnez l'appareil et formez un velouté bien onctueux.

4. Reversez ce velouté dans une casserole, ajoutez la moitié de la crème fraîche, goûtez, rectifiez l'assaisonnement, ajoutez un peu de noix de muscade, versez le reste de la crème fraîche et portez sur feu doux.

5. Lorsque la soupe est bien chaude, mixez-la de nouveau et servez-la accompagnée de croûtons de pain que vous aurez légèrement aillés, parsemez les copeaux de parmesan et servez aussitôt.

Mon Conseil

J'utilise du parmesan Reggiano, il est bien parfumé.

Potage cultivateur

Temps de préparation : 30 min / Temps de cuisson : 30 min

Pour 4 personnes

1/2 boule de céleri-rave · 1 branche de céleri
2 belles carottes · 2 poireaux · 2 pommes de terre
1/2 chou de Milan · 1 oignon · 50 g de beurre
2 belles tranches de lard fumé · sel, poivre du moulin

1. Lavez et émincez le chou en fines lanières. Plongez-les dans de l'eau bouillante salée pendant 5 minutes. Épluchez tous les légumes, lavez-les et coupez-les en petits morceaux.

2. Égouttez les lanières de chou dans une passoire. Faites fondre 20 grammes de beurre dans une grande casserole, mettez-y tous les légumes, couvrez d'eau et laissez cuire sur feu doux, à découvert. Au fur et à mesure de la cuisson, ajoutez de l'eau, salez, poivrez, couvrez et laissez cuire 30 minutes.

3. Retirez la partie gélatineuse des tranches de lard, coupez la chair en petits lardons ; faites-les blanchir ou dorer dans une poêle à revêtement antiadhésif ; réservez-les.

4. Lorsque le potage est cuit, prélevez les légumes avec une écumoire, placez-les dans des assiettes creuses, ajoutez le reste de beurre en petites noisettes, répartissez les lardons, recouvrez de bouillon de cuisson et servez immédiatement.

Soupe au pistou

Temps de préparation : 20 min / Temps de cuisson : 50 min

Pour 4 personnes

200 g de haricots blancs frais ou 80 g de haricots secs
1 feuille de sauge · 1 branche de sarriette
1 pomme de terre · 2 carottes
2 courgettes · 100 g de haricots verts
2 tomates · 3 oignons · 2 branches de céleri
1 bouquet de basilic · 1 dl d'huile d'olive
4 tranches de pain de campagne
sel, poivre

1. Si vous utilisez des haricots secs, faites-les tremper dans de l'eau fraîche pendant toute une nuit. Si vous utilisez des haricots frais, écossez-les et trempez-les dans de l'eau fraîche.

2. Faites cuire les haricots avec la sauge et la sarriette pendant 30 minutes environ.

3. Pelez tous les légumes, coupez-les en petits morceaux à l'exception des tomates.

4. Plongez les tomates dans l'eau bouillante, égouttez-les, pelez-les et épépinez-les, coupez-les en petits dés. Réservez-les jusqu'à la fin de la recette car elles ne doivent pas cuire avec les autres légumes.

5. Portez de l'eau à ébullition, faites-y cuire tous les légumes (sauf les pommes de terre que vous allez faire cuire séparément) ; salez, poivrez et laissez mijoter 15 minutes. Faites cuire les pommes de terre dans de l'eau salée pendant 10 minutes, puis ajoutez-y les haricots pour 10 minutes supplémentaires. Lorsque tous les légumes sont cuits, placez-les dans le fond d'une soupière, versez au-dessus un peu de leur jus de cuisson.

6. Faites griller les tranches de pain de campagne. Ciselez finement le basilic au-dessus de la soupe, ajoutez les tomates, versez l'huile d'olive et servez immédiatement.

Mon Conseil

Vous pouvez présenter cette soupe avec une sauce au pistou ou encore avec une tapenade.

Crème de lentilles aux langoustines et au romarin

Temps de préparation : 20 min / Temps de cuisson : 30 min

Pour 4 personnes

12 belles langoustines · 250 g de lentilles vertes du Puy
1 belle tranche de lard fumé · 1 os de jambon
2 oignons · 1 carotte · 1 petit morceau de céleri-rave
5 dl de bouillon de volaille · 1 cuill. à soupe de crème fraîche
2 branches de romarin · 4 tomates confites
2 cuill. à soupe d'huile d'olive

1. La veille, triez les lentilles, lavez-les et faites-les tremper dans de l'eau fraîche.

2. Le lendemain, pelez les oignons, la carotte et le céleri-rave.

3. Égouttez les lentilles. Faites chauffer le bouillon de volaille avec une branche de romarin, plongez-y les lentilles, la tranche de lard, l'os de jambon et les légumes coupés en morceaux, salez, poivrez, couvrez et laissez cuire 25 à 30 minutes.

4. Au bout de ce temps, égouttez les lentilles, jetez les légumes de cuisson, retirez la tranche de lard et l'os de jambon, versez les lentilles dans le bol du blender d'un robot électrique, ajoutez la crème fraîche et un peu de leur liquide de cuisson, actionnez l'appareil jusqu'à former un velouté bien onctueux. Ajoutez leur liquide de cuisson jusqu'à la consistance désirée.

5. Au moment de servir, coupez le lard en petits morceaux, faites-les sauter à sec dans une poêle et ajoutez-les dans la soupe de lentilles. Décortiquez les langoustines, retirez bien leur boyau noir et faites-les cuire pendant 7 minutes dans de l'huile d'olive, égouttez-les.

6. Reportez la crème sur feu doux pour la réchauffer, versez-la dans des assiettes chaudes, déposez les langoustines, décorez de romarin et de tomates confites.

Mon Conseil

*Avant de servir la crème de lentilles,
vous pouvez également, si vous le souhaitez,
la passer au chinois,
elle n'en sera que plus onctueuse.*

Soupe de moules au safran

Temps de préparation : 30 min / Temps de cuisson : 30 min

Pour 4 personnes

3 litres de moules de bouchot
200 g de pommes de terre à chair ferme
1/2 verre de vin blanc
200 g de crème fraîche
1 dose de safran · 1 branche de thym
1 cuill. à soupe de Maïzena · 2 oignons
8 dl de bouillon de volaille

1. Nettoyez les moules, grattez-les si besoin, ébarbez-les et plongez-les dans de l'eau fraîche ; égouttez-les.

2. Pelez les pommes de terre, coupez-les en petits cubes.

3. Faites ouvrir les moules à sec dans un grand faitout, filtrez leur jus de cuisson, ôtez les coquilles mais gardez-en quelques-unes dans des demi-coquilles pour la décoration.

4. Faites cuire les pommes de terre dans un peu de vin blanc ainsi que le jus de cuisson rendu par les moules. Au bout de 10 minutes, couvrez la casserole, éteignez le feu, maintenez les pommes de terre au chaud.

5. Faites chauffer le bouillon de poule, ajoutez-y les moules, les pommes de terre, les oignons pelés et finement émincés, laissez chauffer, ajoutez la dose de safran, le thym, le sel, le poivre. Lorsque la soupe est bien chaude, versez-la dans un mixeur avec la Maïzena, ajoutez la moitié de la crème fraîche, actionnez l'appareil et formez un velouté bien onctueux.

6. Reversez la soupe dans la casserole, faites-la réchauffer sur feu doux.

7. Battez le reste de crème jusqu'à ce qu'elle soit fouettée et formez une quenelle de crème que vous placerez sur la soupe lorsqu'elle sera bien chaude. Parsemez les moules réservées.

Mon Conseil

Utilisez de préférence des moules de bouchot du vivier du Mont-Saint-Michel.

Bouillabaisse

Temps de préparation : 1 h / Temps de cuisson : 1 h 30

Pour 4 personnes

2 kg de poissons de roche : rascasse, lotte, morue, Saint-
Pierre, soles, rougets grondins, vives, escargots de mer,
moules de Bouzigues · 4 langoustines · 2 oignons
1 fenouil · 3 gousses d'ail · 1 dl d'huile d'olive
4 tomates · 1 bouquet garni · 2 feuilles de sauge
1 dose de safran · 1 kg de pommes de terre rattes pelées
et coupées en morceaux · sel, poivre

En accompagnement
croûtons de pain
Pour le décor
anis étoilé

Pour la rouille
1 petite pomme de terre cuite · 1 pincée de safran
2 dl d'huile d'olive · 1/2 piment oiseau (facultatif)
2 gousses d'ail

1. Videz les poissons, écaillez-les soigneuse-ment, coupez les ouïes et passez-les sous l'eau fraîche. Détaillez-les selon leur taille et leur forme : en darnes ou en morceaux et posez-les sur du papier absorbant.

2. Pelez les oignons et les gousses d'ail, hachez-les grossièrement. Dans une cocotte, faites chauffer deux cuillerées à soupe d'huile d'olive et mettez-y à revenir l'oignon et l'ail jusqu'à ce qu'ils deviennent transparents. Ajoutez les morceaux de poissons et laissez revenir sur feu doux.

3. Pendant ce temps, plongez les tomates dans de l'eau chaude, pelez-les, coupez-les en deux, épépinez-les, détaillez-les en morceaux et ajou-tez-les dans la cocotte. Faites revenir encore 5 minutes. Couvrez d'eau à hauteur des pois-sons, salez, poivrez, ajoutez le bouquet garni, la sauge, puis laissez frémir sur feu assez vif pen-dant 30 minutes au minimum.

4. Pendant ce temps, lavez le fenouil, coupez-le en fines tranches, faites-les revenir dans une cuillerée à soupe d'huile d'olive. Lorsqu'elles sont légèrement colorées, versez le fumet de cuisson des poissons que vous aurez filtré. Portez de nouveau à ébullition, ajoutez les pois-sons et le safran, puis les pommes de terre grat-tées et laissez encore cuire 10 minutes.

5. Préparez la rouille : pilez les gousses d'ail, ajoutez la pomme de terre écrasée, la pincée de safran et « montez » avec l'huile d'olive comme vous le feriez pour une mayonnaise. Coupez des croûtons de pain et faites-les griller à sec, dans une poêle.

6. Faites cuire les langoustines dans un court-bouillon pendant 10 minutes.

7. Versez la bouillabaisse dans un grand plat creux chaud et posez les langoustines. Servez avec la rouille en saucière et les croûtons grillés à part.

Cassoulet

Temps de préparation : 1 h / Temps de cuisson : 3 h

─────────── *Pour 4 personnes* ───────────

500 g de haricots tarbais · 1 carotte · 1 oignon
1 clou de girofle · 1 gousse d'ail · 1 bouquet garni
100 g de couenne de porc · sel, poivre

Pour les viandes

1 jarret de porc (ou de l'échine) · 4 saucisses de Toulouse
1 boîte de confit d'oie · 200 g de lard
80 g de graisse d'oie · 3 carottes · 1 oignon
1 gousse d'ail · sel, poivre · 3 tranches de pain de mie
1 pack de coulis de tomate (facultatif)

1. La veille, faites tremper les haricots dans de l'eau fraîche, remuez-les de temps à autre ; jetez l'eau et changez-la.

2. Le lendemain, égouttez les haricots, mettez-les dans une grande marmite, couvrez-les d'eau froide, ajoutez le bouquet garni, la carotte pelée et coupée en morceaux, l'oignon pelé et piqué du clou de girofle, l'ail, la couenne de porc, salez, poivrez, portez à ébullition et laissez cuire environ 1 heure 30. Si vous disposez d'un auto-cuiseur, 40 minutes devraient suffire. Au bout de ce temps, égouttez les haricots mais conservez la moitié de leur eau de cuisson.

3. Dans une grande marmite, faites fondre la graisse d'oie (à défaut, utilisez du saindoux, voire de l'huile de tournesol). Coupez les viandes en gros morceaux, faites-les revenir sur toutes leurs faces, ajoutez alors les saucisses que vous aurez piquées à la fourchette. Lorsque le tout est bien doré, ajoutez le confit d'oie.

4. Pendant que les viandes cuisent, pelez les carottes et l'oignon ainsi que l'ail, émincez le tout finement, mettez le hachis dans la marmite. Ajoutez éventuellement un peu de coulis de tomate. Ajoutez les haricots, versez de l'eau à hauteur, couvrez et laissez mijoter pendant 1 heure.

5. Recouvrez une grande cocotte en terre cuite de la couenne de lard coupée en belles tranches, retirez les viandes de la marmite et rangez-les dans la cocotte en alternant les morceaux de viande et les haricots. Ajoutez un peu de coulis de tomates et mouillez de quelques louches de jus de cuisson des viandes.

6. Éliminez la croûte du pain de mie, coupez les tranches en gros morceaux, mettez-les dans le bol d'un robot électrique et formez une chapelure « blanche ». Saupoudrez-la sur le dessus du plat et faites gratiner dans un four très chaud pendant 30 minutes environ. Servez dans le plat de cuisson.

Poularde de Bresse cuite au pot

Temps de préparation : 1 h / Temps de cuisson : 3 à 4 h

Pour 4 personnes

1 belle poularde de Bresse · 2 poireaux
1 botte de carottes nouvelles
1 botte de petits navets nouveaux
2 artichauts poivrade · 1 botte d'asperges d'hiver
20 g de fleur de sel · 1 truffe (facultatif)

Pour le fond blanc de veau

1 kg d'os de veau · 100 g de carottes
100 g d'oignons · 100 g de blancs de poireaux
100 g de céleri · 1 bouquet garni
sel, poivre

1. Préparez le fond blanc de veau : concassez grossièrement les os ou demandez à votre boucher de le faire. Mettez-les dans une marmite, recouvrez-les d'eau froide, portez à ébullition, écumez régulièrement et ajoutez de l'eau au fur et à mesure que vous écumez en retirant la mousse qui se forme à la surface. Dégraissez avec une écumoire. Pelez tous les légumes, coupez-les en petits morceaux, ajoutez-les dans la marmite, enfoncez le bouquet garni et laissez cuire environ 3 heures en écumant toujours régulièrement. Au bout de ce temps, prélevez les os de veau avec une écumoire et laissez le bouillon tiédir. Passez-le au chinois.

2. Si vous utilisez une truffe noire, émincez-la en très fines lamelles et glissez les lamelles harmonieusement entre la chair et la peau de la volaille. Pour cela, fendez-la délicatement,

décollez légèrement la peau, placez les lamelles de truffe et refermez bien.

3. Faites pocher la poularde dans le fond blanc que vous venez de préparer, laissez cuire à petits bouillons 1 h 30 environ. Après 1 h 15 de cuisson, pelez et coupez en morceaux tous les légumes d'accompagnement, faites-les cuire pendant 15 minutes dans le bouillon où cuit la volaille.

4. Lorsque la poularde est cuite – les membres doivent pouvoir être détachés à la main –, réservez-la au chaud sur un plat de service. Prélevez les légumes avec une écumoire et entourez-en la volaille.

5. Servez la poularde de Bresse entourée de ses légumes, parsemez de fleur de sel, servez le reste de fleur de sel dans une coupelle.

Mon Conseil

La truffe est un « plus » mais elle n'est pas indispensable.

Civet de lapin de garenne aux pâtes fraîches

Temps de préparation : 40 min / Temps de cuisson : 2 h
Temps de marinade : 12 h

Pour 4 personnes

1 beau lapin de garenne · 2 carottes · 2 échalotes
2 gousses d'ail · 1 oignon · 3 baies de genièvre
1 bouquet garni · 200 g de lard gras · 1 l de vin rouge d'Anjou
1 dl de sang du lapin · 10 cl de crème fraîche
5 cuill. à soupe d'huile d'olive
1 petit verre à liqueur de cognac · sel, poivre

En accompagnement

500 g de pâtes fraîches · 1 cuill. à soupe d'huile d'olive

1. Préparez la marinade : pelez et hachez finement les échalotes, l'oignon, l'ail et les carottes. Dans un grand plat creux, versez le vin rouge, ajoutez-y le hachis de légumes, le bouquet garni, deux cuillerées à soupe d'huile, le sang de lapin et le cognac, salez, poivrez, mélangez bien le tout.

2. Coupez le lapin en beaux morceaux et placez-les dans la marinade, recouvrez-les de film étirable et laissez mariner pendant 12 heures en retournant les morceaux de lapin de temps à autre.

3. Le lendemain, faites chauffer l'huile d'olive dans une grande cocotte, faites-y revenir les morceaux de lapin jusqu'à ce qu'ils dorent sur toutes leurs faces, filtrez la marinade, ajoutez-la dans la casserole, placez-y les légumes de la marinade que vous aurez prélevés avec une écumoire, couvrez et laissez cuire pendant 2 heures.

4. Cinq minutes avant de servir, faites cuire les pâtes fraîches pendant 3 minutes dans une grande quantité d'eau salée à laquelle vous aurez ajouté une cuillerée à soupe d'huile d'olive. Lorsque les pâtes sont cuites *al dente*, égouttez-les dans une passoire et versez-les dans un grand plat creux préchauffé, posez au-dessus les morceaux de lapin, maintenez au chaud.

5. Filtrez le jus de cuisson du lapin dans un chinois, versez-le sur le lapin et sur les pâtes. Servez le tout bien chaud.

Mon Conseil

Au dernier moment, vous pouvez ajouter un petit morceau de foie gras dans la sauce et la verser sur les pâtes et le lapin lorsqu'il sera parfaitement fondu.

Pot-au-feu de pigeonneaux

Temps de préparation : 30 min / Temps de cuisson : 50 min

Pour 4 personnes

4 beaux pigeonneaux · 4 carottes nouvelles · 1 navet
2 poireaux · 2 branches de céleri · 1 l de bouillon de
volaille (voir recette page 66) · sel, poivre

1. Préparez les légumes : épluchez les carottes, le navet, les poireaux et le céleri, coupez-les en gros morceaux.

2. Faites chauffer le bouillon de volaille dans une grande marmite. Lorsqu'il bout, plongez-y les pigeonneaux et laissez cuire une trentaine de minutes.

3. Ajoutez tous les légumes ; laissez cuire 15 minutes supplémentaires.

4. Dans une soupière préchauffée, dressez les pigeonneaux, coupez-les en deux. Prélevez les légumes, disposez-les autour des demi-pigeonneaux. Versez dessus, le bouillon bien chaud, dégustez immédiatement.

Choucroute

Temps de préparation : 1 h / Temps de cuisson : 2 h

Pour 4 personnes

500 g de poitrine fumée · 2 pommes · 2 kg de choucroute crue
2 carottes · 2 oignons · saindoux ou graisse d'oie
1 bouquet garni (thym, laurier, persil, céleri)
poivre en grains · 1 bouteille de vin blanc sec d'Alsace
(sylvaner, riesling, gewurztraminer...)
6 grains de genièvre · 1 jambonneau demi-sel
6 pommes de terre · 4 saucisses de Strasbourg
1 saucisse de Morteau · 4 côtelettes de porc

1. Lavez très soigneusement la choucroute et pressez-la entre vos mains pour bien la démêler, passez-la bien sous l'eau fraîche, puis égouttez-la.

2. Pelez les oignons et les carottes, émincez-les finement. Dans une grande cocotte, faites fondre le saindoux ou la graisse d'oie, faites-y revenir les oignons et les carottes, ajoutez la choucroute, mélangez, versez un verre de vin blanc. Couvrez et faites chauffer.

3. Pendant ce temps, pelez les pommes et coupez-les en gros morceaux. Mettez les grains de genièvre dans une mousseline et placez le tout dans la choucroute, ajoutez le bouquet garni, le sel, le poivre, la poitrine fumée, versez le reste de vin, couvrez la cocotte et, à ébullition, placez-la dans le four (thermostat 5) pendant 1 heure environ. Surveillez le niveau de liquide, il doit toujours y avoir un peu de liquide dans la cocotte pour que la choucroute ne dessèche pas.

4. Pendant ce temps, portez de l'eau froide à ébullition, plongez-y les saucisses de Strasbourg, le jambonneau et la saucisse de Morteau, faites reprendre ébullition et laissez cuire le temps que la choucroute cuise elle-même, c'est-à-dire une petite heure.

5. Épluchez les pommes de terre, coupez-les en morceaux et mettez-les dans la choucroute après 30 minutes de cuisson.

6. Faites griller les côtelettes de porc sur un gril sans matière grasse et placez-les sur la choucroute 15 minutes avant de la servir. Égouttez les saucisses de Strasbourg, le jambonneau et la saucisse de Morteau, coupez celle-ci en morceaux, ajoutez le tout dans la choucroute.

7. Au moment de servir, dressez la choucroute sur un grand plat creux préchauffé, entourez-la avec le lard, les côtelettes, les saucisses, le jambonneau et les morceaux de saucisse de Morteau, recouvrez-les de pommes de terre et servez bien chaud.

Mon Conseil

Accompagnez la choucroute du même vin que celui qui a servi à la cuisson.

Petit salé aux lentilles

Temps de préparation : 40 min / Temps de cuisson : 2 h
Temps de dessalage : 3 h

Pour 4 personnes

1 kg de petit salé (jarret ou palette)
1 oignon piqué d'un clou de girofle · 1 bouquet garni
3 carottes · 1 branche de céleri · 2 gousses d'ail
500 g de lentilles · 30 g de beurre · 100 g de couenne de porc
100 g de lardons · 4 saucisses de Montbéliard
2 cuill. à soupe de graisse d'oie
poivre en grains

1. Placez le petit salé dans de l'eau froide et faites-le dessaler pendant 3 heures en changeant l'eau à plusieurs reprises.

2. Passez rapidement la viande sous l'eau fraîche, mettez-la dans une marmite et couvrez d'eau à hauteur. Ajoutez l'oignon piqué du clou de girofle, le bouquet garni, du poivre, les carottes pelées, la branche de céleri pelée et les gousses d'ail pelées entières. Laissez mijoter pendant 1 heure environ.

3. Versez les lentilles dans une grande cocotte, couvrez-les d'eau, ajoutez le beurre et portez à frémissement pendant 20 à 25 minutes. Quand elles sont cuites, égouttez-les (gardez leur eau de cuisson). Égouttez également le petit salé.

4. Ébouillantez la couenne de porc et séchez-la avec du papier absorbant.

5. Dans une grande cocotte, faites rissoler les lardons jusqu'à ce qu'ils grésillent, ajoutez-y la couenne de porc, une couche de lentilles, puis la viande, les saucisses, le reste des lentilles et leur eau de cuisson ainsi que la graisse d'oie. Couvrez et laissez mijoter l'ensemble pendant 1 heure environ.

6. En fin de cuisson, retirez la viande et coupez-la en belles tranches.

7. Au moment de servir, versez les lentilles dans un grand plat chaud, ôtez le bouquet garni, disposez au-dessus les tranches de viande et les saucisses.

Mon Conseil

Je conseille d'utiliser des lentilles vertes du Puy car elles sont considérées comme les plus savoureuses. Attention à la cuisson, elle doit être lente pour éviter que les lentilles n'éclatent.

Navarin d'agneau de lait printanier au basilic

Temps de préparation : 35 min / Temps de cuisson : 1 h 10

Pour 4 personnes

1,5 kg d'épaule d'agneau de lait des Pyrénées désossée
2 cuill. à soupe d'huile d'olive · 1 bouquet garni
4 petites carottes nouvelles · 4 petites tomates
3 artichauts poivrade · 1 botte d'asperges vertes
200 g de petits pois extra-fins · 200 g de fèves extra-fines
200 g de haricots verts extra-fins
2 petits navets nouveaux · 2 gousses d'ail
1 verre de fond de veau (voir recette page 79)
1 botte de petits oignons nouveaux
1 bouquet de basilic · sel, poivre

1. Détaillez l'épaule d'agneau en gros cubes.
2. Faites chauffer l'huile d'olive dans une cocotte et mettez-y à revenir les cubes d'agneau. Lorsque ceux-ci sont légèrement dorés, jetez l'huile de cuisson et replacez la cocotte sur feu moyen. Ajoutez le bouquet de basilic, couvrez et laissez mijoter une petite trentaine de minutes en remuant de temps à autre. Au besoin, versez un peu d'eau.
3. Pelez les gousses d'ail et les oignons nouveaux, émincez-les ; écossez les petits pois et les fèves ; effilez les haricots verts. Pelez les carottes et les navets ; coupez-les en morceaux. Pelez les asperges. Lavez les artichauts.

4. Ajoutez le tout dans la cocotte où cuit la viande, versez le fond de veau, salez, poivrez et ajoutez le bouquet garni. Couvrez et laissez encore cuire environ 25 minutes sur feu très doux.
5. Au moment de servir, versez la préparation dans un grand plat creux chaud, maintenez-le au chaud.
6. Faites réduire un peu de bouillon de cuisson du navarin sur feu vif. Lorsqu'il a réduit de moitié, versez-le sur le navarin et sur ses petits légumes de cuisson. Attention à ne pas casser les asperges qui sont très fragiles.
7. Servez immédiatement.

Mon Conseil

J'aime parfois servir ce navarin d'agneau uniquement avec des pommes de terre de Noirmoutier juste parsemées de noisettes de beurre salé de Guérande.

Petits farcis aux légumes de Provence

Temps de préparation : 25 min / Temps de cuisson : 40 min

Pour 4 personnes

4 belles tomates mûres mais fermes

4 petites courgettes rondes · 1 poivron rouge

1 poivron vert · 1 poivron jaune · 4 oignons

100 g de riz basmati · 200 g de bifteck haché

1 gousse d'ail · 1 jaune d'œuf

30 g de parmesan fraîchement râpé

herbes fraîches (ciboulette, estragon, cerfeuil, persil plat)

5 cuill. à soupe d'huile d'olive

sel, poivre du moulin

1. Dans une grande quantité d'eau bouillante salée, faites cuire le riz pendant 8 minutes environ. Lorsque le riz est cuit, égouttez-le dans une passoire. Pendant la cuisson du riz, lavez et séchez les légumes avec du papier absorbant. Retirez le pédoncule des poivrons, coupez-les en deux dans leur longueur, épépinez-les et retirez soigneusement les parties blanches de l'intérieur. Coupez le sommet des tomates au tiers de leur hauteur et creusez-les avec une cuillère, récupérez la pulpe des tomates. Découpez un couvercle sur les courgettes au tiers de leur hauteur, évidez-les en laissant un peu de chair sur les parois, gardez également la pulpe des courgettes. Pelez les oignons, coupez-les au tiers de leur hauteur et récupérez la pulpe avec une petite cuillère.

2. Hachez grossièrement tous les intérieurs des légumes : tomates, courgettes, oignons. Pelez l'ail et hachez-le également. Faites chauf-fer deux cuillerées à soupe d'huile d'olive dans une cocotte et faites-y revenir le hachis que vous venez de préparer jusqu'à ce qu'il réduise. À ce moment, ajoutez la viande et écrasez-la, ajoutez alors les herbes, du sel, du poivre, remuez, couvrez et laissez cuire 3 minutes environ. Au bout de ce temps, ajoutez le riz cuit, le jaune d'œuf, le parmesan et mélangez bien. Farcissez tous les petits légumes avec cette préparation. Reposez les chapeaux et les couvercles sur chaque légume.

3. Préchauffez le four, thermostat 6. Dans un grand moule à manqué, versez le reste de l'huile d'olive et posez-y les légumes farcis, glissez le plat dans le four et laissez cuire une quarantaine de minutes, vérifiez la cuisson car les légumes ne doivent pas brûler.

4. Au bout de ce temps, retirez les légumes du four et servez-les immédiatement sur un lit de mesclun ou de roquette.

Pot-au-feu aux quatre viandes

Temps de préparation : 50 min / Temps de cuisson : 1 h 40

Pour 4 personnes

1 beau poulet · 1 langue de veau · 500 g de plat de côtes
500 g de quasi de veau · 1 l de fond de volaille ou de veau
(voir p. 66 ou 79) · 1 oignon piqué d'un clou de girofle
1 bouquet garni (thym, laurier, persil)

Pour la garniture

500 g de brocolis · 500 g de petites asperges
4 tomates ou 8 tomates cerises · 1 poivron jaune
8 artichauts poivrade · 2 courgettes · 2 pommes de terre

1. Dans un grand faitout, mettez la langue de veau, le morceau de plat de côtes et le quasi de veau, recouvrez-les d'eau et portez à ébullition. Laissez ainsi blanchir pendant 30 minutes ; écumez régulièrement.

2. Retirez les viandes du faitout à l'aide d'une écumoire. Passez-les abondamment sous l'eau froide. Épluchez soigneusement la langue, ôtez toutes les parties cornées.

3. Faites chauffer le fond de veau ou de volaille (ou préparez la tablette de bouillon instantané). Ajoutez le bouquet garni et l'oignon et portez à ébullition.

4. Replacez les viandes dans le faitout vidé de son eau de cuisson. Recouvrez-les du bouillon brûlant et reportez à lente ébullition. Laissez ainsi, à frémissement, pendant 1 heure puis plongez-y le poulet (rajoutez au besoin un peu d'eau), couvrez et laissez cuire encore 45 minutes.

5. Environ 15 minutes avant la fin de la cuisson des viandes, préparez les légumes : nettoyez, épluchez, lavez et séchez les brocolis et les asperges. Lavez les tomates et le poivron et plongez-les dans de l'eau en ébullition : 10 secondes pour les tomates et 1 minute pour le poivron ; ainsi vous pourrez les peler plus facilement. Lavez les artichauts, les courgettes et les pommes de terre ; coupez les artichauts en deux, les courgettes en tronçons et les pommes de terre en quatre.

6. Faites cuire séparément les brocolis pendant 10 minutes, les asperges 15 minutes, en utilisant un peu de bouillon prélevé du récipient où cuisent les viandes. Coupez le poivron en lanières. Plongez tous les légumes dans le bouillon de cuisson et laissez cuire pendant 15 minutes.

7. Lorsque les viandes sont cuites, dressez-les sur un plat creux. Coupez la langue en belles tranches, la volaille en morceaux, les morceaux de quasi et de plat de côtes. Disposez les légumes bien égouttés tout autour en jouant avec les couleurs : le blanc des asperges, le vert des brocolis, le rouge des tomates et le jaune du poivron. Versez sur le tout quelques louches de bouillon et portez à table immédiatement.

Les poissons et les fruits de mer

Acheter du poisson est un prétexte pour aller au marché au petit matin et regarder les étals se garnir de la pêche fraîchement débarquée des bateaux bretons. C'est un festival de langoustes, homards et sardines, de flétan et de bar, de cabillaud, mon poisson préféré, et de merlan (essayez ma recette de merlan Colbert), avec en saison, les coquilles Saint-Jacques et les huîtres, sans oublier toutes les variétés de moules, de coques et de praires. L'odeur du sel et l'air vivifiant de la mer apportent toujours aux marchés aux poissons une atmosphère exubérante.

Thon aux girolles

Temps de préparation : 25 min / Temps de cuisson : 20 min

Pour 4 personnes

1 beau morceau de thon découpé dans la partie la plus épaisse
1 dl huile d'olive · 1 bouquet de cerfeuil ou d'estragon
1 botte d'oignons nouveaux · 4 gousses d'ail nouveau
600 g de petites girolles bien fraîches
sel, poivre

1. Lavez le thon sous l'eau fraîche, essuyez-le avec du papier absorbant, détaillez-le en belles tranches et placez-les dans de l'huile d'olive au fur et à mesure que vous les coupez ; égouttez-les lorsque vous les aurez retournées.

2. Pelez les oignons et les gousses d'ail, coupez les oignons en fins anneaux et les gousses d'ail en petites lamelles. Lavez les girolles, retirez leur bout terreux, coupez-les en morceaux si elles sont grosses, gardez-les entières si elles sont petites.

3. Dans une grande poêle, faites chauffer l'huile dans laquelle le thon a mariné, faites-y revenir les tranches de thon sur leurs deux faces. Elles doivent être bien dorées à l'extérieur mais encore tendres à l'intérieur.

4. Dans une autre poêle, faites revenir dans très peu d'huile d'olive les oignons et les girolles. Lorsque ceux-ci sont légèrement dorés, ajoutez-y les gousses d'ail.

5. Cinq minutes avant de servir, réunissez les tranches de thon et les girolles dans la même poêle et faites sauter sur feu vif.

6. Au moment de servir, disposez les tranches de thon sur des assiettes chaudes, entourez-les avec les girolles et les oignons, recouvrez d'un peu de fleur de sel et de pluches de cerfeuil ou d'estragon.

7. Donnez quelques tours de poivre du moulin et servez immédiatement.

Mon Conseil

À la place du thon, j'aime également utiliser de l'espadon, délicieux poisson appelé aussi veau de mer car sa saveur et sa texture ressemblent un peu à celles du veau.

Steak de thon aux artichauts et au curry

Temps de préparation : 30 min / Temps de cuisson : 40 min

Pour 4 personnes

4 tranches de thon blanc · 2 oignons
1 gousse d'ail · 3 petits piments doux · 2 tomates
8 petits artichauts poivrade
2 cuill. à soupe d'huile d'olive
2 cuill. à soupe de persil plat · 1 pincée de curry
sel, poivre

1. Pelez et émincez les oignons et l'ail, hachez-les grossièrement. Lavez et épépinez les piments, coupez-les en lanières. Plongez les tomates dans de l'eau bouillante, pelez-les, coupez-les en deux, épépinez-les et écrasez-les.
2. Faites chauffer deux cuillerées à soupe d'huile d'olive dans une cocotte, faites-y revenir tous les légumes que vous venez de préparer, mélangez, salez, poivrez, ajoutez le curry, couvrez et laissez cuire 15 minutes environ.
3. Au bout de ce temps, placez-y les tranches de thon, reposez le couvercle et laissez cuire à l'étouffée pendant 10 minutes environ.

4. Coupez les pieds des artichauts poivrade, jetez-les, coupez les artichauts en quatre. S'il y a du foin, retirez-le, mais en général il n'y en a pas. Portez à ébullition de l'eau salée, plongez-y les artichauts et laissez-les blanchir pendant 5 minutes. Égouttez-les, séchez-les dans du papier absorbant et placez-les dans la cocotte avec le thon. Laissez cuire encore le tout pendant 10 minutes, à couvert.
5. Posez les steaks de thon sur des assiettes chaudes, recouvrez-les de leur garniture de cuisson et entourez-les de leurs petits artichauts poivrade.

Mon Conseil

*Les petits artichauts poivrade sont ceux que je préfère,
surtout lorsque je les mange crus juste assaisonnés
d'un filet d'huile d'olive, de fleur de sel, de poivre du
moulin et de tomates séchées.*

Haddock pommes boulangères

Temps de préparation : 30 min / Temps de cuisson : 30 min

Pour 4 personnes

800 g de haddock · 1 l de lait · 50 g de beurre · 1 citron
1/2 bouquet de persil plat · sel, poivre

Pour les pommes boulangères

1 kg de petites pommes de terre rattes · 1 botte de petits
oignons nouveaux · 30 g de beurre demi-sel · 1 verre de
vin blanc · 1 verre de fond de volaille · sel, poivre

1. Allumez le four, thermostat 7. Beurrez un grand plat allant au four.

2. Préparez les pommes boulangères : dans une grande casserole, faites chauffer le fond de volaille avec le vin blanc. Lavez les pommes de terre, épluchez-les, plongez-les dans le liquide bouillant, couvrez-les d'eau à hauteur et faites-les cuire pendant 10 minutes. Au bout de ce temps, égouttez-les dans une passoire, laissez-les tiédir et coupez-les en rondelles. Pelez les petits oignons, coupez-les en rondelles et faites-les revenir dans le beurre demi-sel. Ajoutez-y les rondelles de pommes de terre, laissez-les dorer sur leurs deux faces et rangez-les sur le plat beurré. Laissez cuire au four pendant 20 minutes en surveillant la cuisson ; au besoin, ajoutez de l'eau pour que les pommes de terre restent moelleuses.

3. Nettoyez bien le haddock, passez-le sous l'eau fraîche et coupez-le en quatre morceaux. Mettez-les dans une casserole, couvrez-les de lait, poivrez, portez à douce ébullition et laissez cuire une quinzaine de minutes en écumant de temps à autre.

4. Lorsque le haddock est cuit, prélevez le poisson de la casserole avec une écumoire et posez les morceaux sur des assiettes chaudes.

5. Faites fondre le beurre dans une petite casserole, retirez la partie mousseuse qui s'est formée à la surface avec une petite cuillère ou du papier absorbant. Vous venez de réaliser du beurre clarifié.

6. Nappez les morceaux de poisson de ce beurre clarifié, humectez de quelques gouttes de jus de citron et recouvrez-les de persil lavé et finement ciselé. Accompagnez des pommes boulangères.

Mon Conseil

Je sers parfois ce haddock avec une sauce hollandaise constituée de 8 jaunes d'œufs fouettés avec 250 g de beurre dans une petite casserole placée dans un bain-marie. J'y ajoute une pincée de piment de Cayenne, du sel et du poivre.

Aïoli de morue

Temps de préparation : 1 h / Temps de cuisson : 30 min
Temps de trempage : 24 h

Pour 4 personnes

1 kg de filets de morue salée · 2 douzaines de bulots
2 douzaines de bigorneaux · 2 dl de vin blanc sec
8 petits calamars · 1 bouquet garni
8 pommes de terre · 4 carottes · 4 courgettes · 4 petits
artichauts poivrade · 1 cœur de céleri en branches
4 tomates · 4 œufs · 1 cuill. à soupe d'huile · 4 petits oignons

Pour l'aïoli

2 jaunes d'œufs · 4 gousses d'ail · 1 dl d'huile d'olive
le jus de 1/2 citron · sel, poivre

1. La veille, mettez les filets de morue dans une grande bassine, couvrez-les d'eau froide, laissez-les dessaler en changeant l'eau de temps à autre.

2. Le lendemain, versez le vin blanc et l'huile dans une grande casserole, ajoutez le bouquet garni, les oignons et portez à ébullition. Faites-y cuire les bulots et les bigorneaux pendant 30 minutes environ. Lorsque les bigorneaux et les bulots sont cuits, passez-les dans une passoire et réservez-les.

3. Faites pocher la morue dans le jus de cuisson des bulots pendant 8 à 10 minutes environ. Pendant ce temps, dans une casserole, faites durcir les œufs 9 minutes. Lavez les tomates, coupez-les en morceaux.

4. Épluchez tous les légumes, coupez-les en gros morceaux. Faites-les cuire à la vapeur pendant 10 minutes dans un cuit-vapeur.

5. Préparez les calamars : nettoyez-les, retirez leur cartilage, coupez-les en rondelles, faites-les revenir dans de l'huile d'olive, puis posez-les sur du papier absorbant.

6. Préparez l'aïoli : pelez les gousses d'ail, retirez les germes et pilez-les dans un mortier jusqu'à l'obtention d'une pâte bien homogène. Ajoutez alors les jaunes d'œufs, du sel, du poivre et montez l'aïoli avec l'huile d'olive comme vous le feriez pour une mayonnaise, ajoutez quelques gouttes de jus de citron et maintenez l'aïoli au frais.

7. Au moment de servir, coupez la morue en beaux morceaux, placez-les au centre d'un grand plat creux, disposez tout autour les légumes et les œufs durs coupés en quatre, répartissez les bulots, les bigorneaux et les calamars, ajoutez toutes les garnitures. Servez l'aïoli à part dans une saucière.

Dos de morue fraîche

Temps de préparation : 10 min / Temps de cuisson : 10 min

Pour 4 personnes

2 beaux dos de morue fraîche · 2 cuill. à soupe de gros sel
3 cuill. à soupe d'huile d'olive extra-vierge · 1 citron
1/2 bouquet de basilic
fleur de sel · poivre du moulin

1. Nettoyez les dos de morue avec leur peau et faites-les macérer pendant 1 heure dans le gros sel. Au bout de ce temps, passez-les sous l'eau fraîche, séchez-les sur du papier absorbant.

2. Faites chauffer 1 cuillerée à soupe d'huile dans une grande poêle, posez-y les dos de morue coupés en deux et laissez-les colorer pendant 5 minutes sur chaque face.

3. Lorsque les dos de morue sont légèrement dorés, posez-les sur des assiettes, poudrez-les de fleur de sel, poivrez, ajoutez le basilic fraîchement ciselé ou laissé en feuilles entières.

4. Découpez les citrons en quartiers ou en rondelles, disposez-les auprès des dos de morue et servez immédiatement après les avoir arrosés d'un filet d'huile d'olive extra-vierge.

Brandade de morue

Temps de préparation : 20 min / Temps de cuisson : 15 min

Pour 4 personnes

800 g de filets de morue salée
1/4 l de lait · 1/4 l d'huile d'olive extra-vierge
2 gousses d'ail · le jus de 1 citron de Menton
sel, poivre · noix de muscade

En accompagnement

1 baguette rassise · 12 olives noires
2 gousses d'ail · 2 cuill. à soupe d'huile d'olive

1. La veille, faites dessaler la morue dans de l'eau bien fraîche, retournez-la régulièrement et changez l'eau également régulièrement. Il faut que la morue soit bien dessalée.

2. Au moment de la préparation, égouttez-la dans une grande passoire et mettez-la dans un faitout, couvrez-la d'eau froide, portez doucement à ébullition et laissez frémir pendant 15 minutes puis placez-la à nouveau dans une grande passoire et laissez-la égoutter. Retirez alors la peau, les arêtes et tenez la chair au chaud.

3. Faites chauffer le lait dans une casserole et l'huile dans une autre casserole. Effeuillez la chair de la morue et mettez-la dans un mortier, ajoutez les deux gousses d'ail pelées, écrasez le tout et réduisez en une pommade un peu épaisse.

4. Versez-la dans une grande casserole sur feu doux et travaillez-la alternativement en ajoutant un peu de lait et un peu d'huile sans laisser bouillir.

5. À la consistance désirée, cessez de tourner, n'ajoutez plus de liquide, goûtez et rectifiez l'assaisonnement, râpez un peu de noix de muscade. Mélangez bien le tout.

6. Coupez la baguette en petites rondelles, frottez-les d'ail et faites-les frire dans de l'huile d'olive. Dénoyautez les olives.

7. Servez la brandade bien chaude avec les petites olives et les rondelles de baguette frites. Cette brandade de morue peut être servie froide sur une belle salade de roquette.

Mon Conseil

Si malgré tous vos soins, la purée n'était pas assez consistante, mélangez-la avec une pomme de terre chaude cuite dans sa peau, écrasée à la fourchette et faites épaissir.

Ailes de raie aux câpres et au citron

Temps de préparation : 15 min / Temps de cuisson : 25 min

Pour 4 personnes

4 ailes de raie
100 g de beurre demi-sel
50 g de câpres
2 citrons
sel, poivre

1. Lavez bien les ailes de raie, séchez-les dans du papier absorbant, faites-les cuire à la vapeur pendant 20 minutes environ. Épluchez-les : enlevez toutes les arêtes et décollez la peau.

2. Faites fondre le beurre dans une casserole et retirez la mousse qui se forme en surface. Vous venez de réaliser un beurre clarifié.

3. Disposez les ailes de raie sur des assiettes préchauffées, recouvrez-les d'un peu de beurre fondu et clarifié, ajoutez les câpres, salez et poivrez. Coupez les citrons en quartiers, posez-les sur les assiettes.

4. Servez ainsi la raie nature avec des pommes de terre à l'anglaise dont vous trouverez la recette dans le conseil ci-dessous.

Mon Conseil

*Pour préparer des pommes de terre à l'anglaise,
il faut juste les éplucher, les plonger dans de l'eau
salée portée à ébullition, les laisser cuire 10 minutes,
les égoutter et les servir avec du beurre fondu et du
persil ciselé. Cette recette est dédiée à ma fille Julie.*

Sardines marinées à l'huile d'olive

Temps de préparation : 15 min / Temps de marinade : 1 h

―――――――――**Pour 4 personnes**―――――――――

20 belles sardines bien fraîches

1 dl d'huile d'olive extra-vierge · 4 beaux oignons

3 citrons verts · fleur de sel · poivre du moulin

4 tranches de pain de campagne (facultatif)

1 cuill. à café d'origan séché (facultatif)

1. Nettoyez bien les sardines, écaillez-les soigneusement, ouvrez-les, retirez leur intestin, lavez-les et séchez-les sur du papier absorbant. Retirez l'arête centrale.

2. Versez l'huile dans un grand plat creux avec le jus des citrons verts, salez et poivrez. Faites-y mariner les sardines pendant une petite heure environ, recouvertes de film étirable. Retournez-les une ou deux fois.

3. Au moment de servir ces sardines marinées, égouttez-les grossièrement et disposez-les en rosace sur des assiettes individuelles. Pelez les oignons, coupez-les en anneaux, placez-les sur les sardines, saupoudrez un peu de fleur de sel, poivrez et servez immédiatement.

4. Avec des tranches de pain grillées recouvertes d'un peu de marinade et d'origan séché, c'est encore meilleur.

Merlan Colbert

Temps de préparation : 15 min / Temps de cuisson : 15 min

Pour 4 personnes

4 beaux merlans bien frais · 3 cuill. à soupe bien bombées de
farine · 2 œufs · 3 cuill. à soupe de chapelure · sel, poivre
2 citrons jaunes · 1/2 bouquet de persil plat · 1 bain de friture

1. Nettoyez les merlans, séchez-les dans du papier absorbant, « levez-les » par le dos – c'est-à-dire tirez rapidement la queue pour retirer l'arête centrale –, désarêtez-les avec une pince à épiler et laissez-les en attente.

2. Mettez dans une première assiette la farine ; dans une deuxième assiette, cassez les œufs, salez, poivrez et battez-les légèrement ; dans une troisième assiette, placez la chapelure.

3. Faites chauffer l'huile de friture à 180 °C.

4. Passez rapidement les merlans, un par un, dans la farine, puis trempez-les dans l'œuf battu et enfin roulez-les dans la chapelure. Lorsque les merlans sont bien enveloppés de cette panure, plongez-les dans l'huile brûlante, laissez-les cuire pendant une quinzaine de minutes.

5. Au bout de ce temps, prélevez-les avec une écumoire, posez-les sur un plat bien chaud. Entourez-les des citrons coupés en deux, ciselez au-dessus le persil plat lavé et séché.

Soles meunières

Temps de préparation : 20 min / Temps de cuisson : 15 à 20 min

―――――――――― *Pour 4 personnes* ――――――――――

4 belles soles parées par votre poissonnier
50 g de beurre demi-sel · farine
1/2 bouquet de persil plat · 2 citrons
poivre du moulin

1. Lavez les soles sous l'eau fraîche, puis séchez-les dans du papier absorbant. Incisez-les légèrement pour que la cuisson soit bien régulière, salez-les, poivrez-les et farinez-les très légèrement, secouez bien afin de retirer tout l'excédent de farine.

2. Dans deux grandes poêles pouvant contenir tous les poissons, faites chauffer la moitié du beurre. Quand il commence à mousser, mettez-y les poissons et faites-les cuire 5 minutes sur la première face puis 5 minutes sur la seconde. Vérifiez la cuisson des poissons en les piquant avec la pointe d'un couteau ; si le cœur de la chair est légèrement rosé, c'est que le poisson est cuit à point, sinon laissez la cuisson se poursuivre pendant quelques minutes.

3. Jetez le beurre de cuisson, maintenez les soles au chaud ; pendant ce temps, dans une petite casserole, faites fondre le reste du beurre, filtrez-le dans un chinois afin de le clarifier.

4. Au moment de servir, versez le beurre clarifié sur les soles, entourez-les de rondelles de citron et poivrez-les à volonté. Ciselez au-dessus un demi-bouquet de persil plat que vous aurez lavé et séché et servez immédiatement.

―――――― *Mon Conseil* ――――――

Cette recette toute simple se prépare aussi bien avec du saumon, du colin, des truites ou encore des limandes-soles.

Rougets à l'anis et au safran

Temps de préparation : 20 min / Temps de cuisson : 40 min

Pour 4 personnes

16 petits rougets-barbets de roche
500 g de pommes de terre rattes · 1 dose de safran
3 cuill. à soupe d'huile d'olive · quelques brins de ciboulette
50 g de beurre · fleur de sel · poivre du moulin

1. Faites cuire les pommes de terre dans de l'eau chaude safranée pendant 10 minutes.

2. Préparez les rougets : coupez leur tête et leur queue, fendez-les en deux, ouvrez-les et retirez l'arête centrale, gardez la partie crémeuse de leur ventre et mettez-la dans une poêle.

3. Lorsque les pommes de terre sont cuites, égouttez-les, laissez-les tiédir, coupez-les en rondelles, placez-les sur un plat de service.

4. Portez la poêle contenant la partie crémeuse des rougets sur feu très doux, faites-y cuire les rougets 3 minutes sur chaque face, ajoutez le beurre coupé en petites parcelles, salez, poivrez et remuez délicatement le tout pour ne pas casser les rougets qui sont très fragiles.

5. Au moment de servir, posez les rougets sur les rondelles de pommes de terre, recouvrez du beurre et posez quelques brins de ciboulette.

Lotte à l'américaine

Temps de préparation : 30 min / Temps de cuisson : 25 min

Pour 4 personnes

800 g de lotte coupée en tronçons · 1 cuill. à soupe de farine
2 cuill. à soupe d'huile d'arachide · 2 cuill. à soupe de cognac
2 échalotes · 30 g de beurre · 500 g de tomates fraîches
sel, poivre du moulin · 1 dl de vin blanc sec

1 . Passez les morceaux de lotte dans la farine et tapotez légèrement pour éliminer l'excédent.
2 . Faites chauffer l'huile dans une cocotte, faites-y dorer les tronçons de lotte sur leurs deux faces, versez alors le cognac et faites flamber.
3 . Pelez les échalotes, coupez-les en gros morceaux et mettez-les dans la cocotte, laissez cuire sur feu très doux, à couvert.
4 . Plongez les tomates 1 minute dans de l'eau bouillante, pelez-les, coupez-les en deux, épépi-nez-les et hachez-les grossièrement. Ajoutez la pulpe dans la cocotte avec les échalotes, salez, poivrez, versez le vin blanc, couvrez et laissez mijoter 20 minutes.
5 . Lorsque la lotte est cuite à point, prélevez les tronçons et disposez-les sur un plat.
6 . Filtrez la sauce dans un chinois, incorpo-rez le beurre, fouettez. Servez cette sauce dans une saucière ou recouvrez-en les tronçons de lotte.

Chipirons sautés à l'ail et au persil

Temps de préparation : 20 min / Temps de cuisson : 15 min

Pour 4 personnes

800 g de chipirons (petits calamars) bien frais
4 gousses d'ail nouveau · 1 bouquet de persil plat
50 g de beurre · sel, poivre

1. Nettoyez bien les chipirons : retirez la fine peau qui les entoure et séchez-les dans du papier absorbant.

2. Pelez les gousses d'ail, émincez-les finement. Lavez et essuyez le persil plat, ciselez-le finement également.

3. Faites fondre la moitié du beurre dans une grande poêle, mettez-y à revenir les chipirons pendant 5 minutes en remuant régulièrement jusqu'à ce qu'ils deviennent colorés.

4. Au bout de ce temps, égouttez-les dans une passoire et jetez le beurre de cuisson. Remettez les chipirons dans la poêle. Ajoutez-y l'émincé d'ail et laissez encore cuire pendant 5 minutes. Ajoutez alors le reste de beurre et la moitié du persil, remuez bien le tout et, lorsque les chipirons sont cuits à point, c'est-à-dire qu'ils sont encore tendres, servez-les bien chauds immédiatement.

5. Parsemez au-dessus le reste de persil plat lavé et séché dans du papier absorbant.

Chipirons sautés à la luzienne

Temps de préparation : 30 min / Temps de cuisson : 30 min

Pour 4 personnes

800 g de chipirons (petits calamars) bien frais
5 gousses d'ail · 2 oignons
1 poivron vert · 1 poivron rouge · 2 tomates
5 cuill. à soupe d'huile d'oilve · 1 pincée de piment
d'Espelette · sel, poivre

1. Pelez et hachez les oignons et l'ail. Coupez les poivrons en morceaux, épépinez-les et coupez-les en lanières. Coupez les tomates en petits dés.

2. Faites chauffer deux cuillerées à soupe d'huile d'olive dans une grande poêle, faites-y revenir les oignons et l'ail, ajoutez les poivrons, puis les tomates, couvrez et laissez mijoter pendant 15 minutes.

3. Nettoyez les chipirons : retirez la peau qui les entoure et séchez-les dans du papier absorbant.

4. Dans une poêle, versez le reste de l'huile d'olive et faites-y sauter les chipirons. Mélangez le contenu des deux poêles, ajoutez le sel, le poivre et le piment, mélangez bien et laissez cuire encore 15 minutes, à couvert.

Friture de chipirons

Temps de préparation : 30 min / Temps de cuisson : 15 min

Pour 4 personnes

800 g de chipirons (petits calamars)
30 g de farine · 2 citrons · 1/2 bouquet de persil plat
1 bain de friture
1 bol de mayonnaise

1. Nettoyez bien les chipirons, passez-les sous l'eau, retirez la fine peau qui les entoure et séchez-les dans du papier absorbant, coupez-les en anneaux.

2. Dans une grande assiette creuse, mettez la farine et passez régulièrement les anneaux de chipirons dans la farine, retirez l'excédent de farine et posez-les sur du papier absorbant.

3. Faites chauffer l'huile de friture. Lorsqu'elle est bien chaude, plongez-y les chipirons et faites-les frire de 7 à 8 minutes. Lorsqu'ils remontent à la surface et qu'ils sont bien dorés, prélevez-les avec une écumoire et posez-les sur du papier absorbant. Maintenez-les au chaud jusqu'à ce que tous les anneaux soient cuits.

4. Coupez les citrons en quartiers. Lavez le persil, séchez-le et ciselez-le. Portez à table les anneaux de chipirons, les quartiers de citron, le persil plat et la mayonnaise : chacun se servira à sa convenance.

Calamars farcis

Temps de préparation : 20 min / Temps de cuisson : 45 min

Pour 4 personnes

500 g de petits calamars · 1 oignon · 2 gousses d'ail
2 poivrons rouges · 200 g de cèpes · 1 petit verre de soupe de
poisson · 1/2 baguette légèrement rassise · 100 g de beurre · 2 œufs
50 g de parmesan fraîchement râpé · 1 petit piment · sel, poivre

1. Lavez les poivrons rouges, détaillez-les en petits dés. Lavez les cèpes, retirez leur bout terreux, coupez-les en morceaux. Lavez les calamars, retirez le cartilage. Hachez-en deux en petits morceaux. Pelez et hachez l'oignon et l'ail.

2. Faites revenir dans l'huile d'olive l'oignon et l'ail jusqu'à ce qu'ils deviennent transparents, ajoutez les dés de poivron, de cèpes et de calamars. Remuez bien, ajoutez le verre de soupe de poisson. Laissez réduire sur feu doux 20 minutes.

3. Coupez la baguette en croûtons et faites-les dorer. Laissez le tout refroidir.

4. Allumez le four, thermostat 9. Préparez un plat pouvant contenir les calamars, beurrez-le.

5. Mélangez la préparation de poivrons, de cèpes et de calamars avec les croûtons, les œufs, le parmesan et le piment haché. Farcissez-en les calamars.

6. Glissez le plat dans le four et laissez cuire 20 minutes (ajoutez un peu d'eau dans le plat).

Moules marinières

Temps de préparation : 30 min / Temps de cuisson : 20 min

Pour 4 personnes

3 litres de moules de bouchot
8 échalotes · 50 g de beurre · 2 dl de vin blanc sec
1 bouquet de persil · 1 bouquet garni
sel, poivre

1. Grattez et ébarbez les moules, passez-les sous l'eau fraîche et faites-les égoutter dans une passoire.

2. Pelez et hachez finement les échalotes. Lavez le persil, ciselez-le.

3. Faites fondre le beurre dans une grande marmite, ajoutez-y les moules, le bouquet garni, les échalotes, le vin blanc et la moitié du persil. Couvrez et faites ouvrir sur feu vif en secouant plusieurs fois le récipient pour que toutes les moules soient bien ouvertes.

4. Dès qu'elles sont ouvertes, prélevez-les avec une écumoire et placez-les dans un grand plat creux. Retirez le bouquet garni de la sauce de cuisson, faites-la chauffer et réduire sur feu vif pendant 5 minutes, versez-la sur les moules et parsemez le reste de persil ciselé.

Mon Conseil

A ces moules marinières toutes simples, une variante consiste à y ajouter de la crème fraîche épaisse ou encore à les servir avec une sauce poulette constituée de crème fraîche, battue avec des jaunes d'œufs, assaisonnée avec du sel, du poivre et du jus de citron, versée dans une casserole et chauffée sur feu doux dans un bain-marie.

Langoustines grillées

Temps de préparation : 15 min / Temps de cuisson : 10 à 15 min

Pour 4 personnes

20 belles langoustines de Bretagne
2 cuill. à soupe d'huile d'olive
30 g de beurre
1 bol d'herbes fraîches (persil plat, coriandre,
ciboulette, estragon)
1/2 citron · fleur de sel
poivre du moulin

1. Passez rapidement les langoustines sous l'eau du robinet, séchez-les, fendez-les en deux sur leur longueur, salez et poivrez la chair des langoustines.

2. À l'aide d'un pinceau, huilez un gril en fonte et faites-le chauffer sur feu vif. Faites-y saisir les langoustines côté chair, puis retournez-les et faites-les griller côté carapace jusqu'à ce qu'elles deviennent rose pâle, maintenez-les au chaud le temps de préparer le beurre d'accompagnement.

3. Faites fondre le beurre dans une petite casserole, retirez la partie mousseuse qui remonte à la surface avec une petite cuillère. Pressez le jus du citron, versez-le dans le beurre clarifié, ajoutez toutes les herbes lavées, essuyées et ciselées, mélangez bien.

4. Laissez chauffer sur feu doux et ajoutez au dernier moment ce beurre au citron et aux herbes sur les langoustines, saupoudrez éventuellement de fleur de sel, poivrez abondamment.

5. Servez immédiatement.

Mon Conseil

*Pour changer de cette recette toute simple
de langoustines grillées, vous pouvez les faire flamber
avec deux cuillerées à soupe de whisky ou de cognac
(après l'étape 2 de la recette), puis préparer le beurre
clarifié de l'étape 3, ajouter un peu de crème fraîche,
de concentré de tomates, de jus de citron
et servir cette sauce sur les langoustines.*

Homards à la nage

Temps de préparation : 30 min / Temps de cuisson : 45 min

Pour 4 personnes

4 beaux homards bretons de 500 g · 2 carottes
1 oignon piqué de 2 clous de girofle
1 blanc de poireau · 1 branche de céleri
1 bouquet garni · 1 gousse d'ail · 80 g de beurre demi-sel
1 verre de bon vin blanc · sel, poivre · poivre de Cayenne
1/2 bouquet de cerfeuil

1. Préparez un court-bouillon bien aromatisé avec les carottes pelées et coupées en rondelles, le poireau bien lavé et émincé, la branche de céleri pelée et grossièrement hachée ainsi que la gousse d'ail, le bouquet garni et l'oignon piqué des clous de girofle. Salez, poivrez abondamment, ajoutez le vin blanc et versez de l'eau. Portez à ébullition et laissez frémir ce court-bouillon pendant un peu plus de 30 minutes.
2. À l'ébullition, plongez les homards et faites-les cuire pendant une bonne dizaine de minutes, comptez 8 à 10 minutes de cuisson pour un homard de 500 g. Laissez-les ainsi frémir puis égouttez-les dans une passoire, cassez les pinces, ouvrez les homards en deux dans leur longueur.
3. Filtrez le jus de cuisson des homards dans un chinois, prélevez-en 3 louches, faites-le réduire sur feu vif puis, lorsqu'il est bien chaud, ajoutez-y progressivement le beurre froid, émulsionnez bien le tout et faites-le couler sur les demi-homards. Versez le reste dans une saucière préchauffée, cassez les pinces et servez dans des assiettes creuses préchauffées. Décorez avec des pluches de cerfeuil et servez avec le reste de la sauce.

Mon Conseil

Cette recette de homard à la nage peut devenir un homard en pot-au-feu si vous filtrez la sauce dans un chinois. Ajoutez alors de la crème fraîche liquide, faites-la réduire sur feu vif, replacez tous les légumes et plongez les morceaux de homard dans cette préparation.

Homards à l'armoricaine

Temps de préparation : 1 h / Temps de cuisson : 30 min

Pour 4 personnes

4 petits homards vivants bretons · 4 échalotes
200 g de petites tomates en grappe · 1 gousse d'ail
1 cuill. à soupe d'huile d'arachide
1/4 l de vin blanc sec type muscadet
1 cuill. à soupe de cognac · 1 bouquet garni
50 g de beurre · sel, poivre · poivre de Cayenne

1. Faites bouillir de l'eau, plongez-y les tomates pendant 1 minute, égouttez-les, pelez-les, coupez-les en deux, épépinez-les et écrasez leur chair. Pelez et émincez finement les échalotes et l'ail.

2. Préparez les homards : fendez-les en deux dans le sens de leur longueur avec un grand couteau d'un coup sec, retirez la tête et cassez les pinces, coupez les queues des homards en gros tronçons en suivant les anneaux, retirez la poche à graviers de la tête des homards et gardez le corail ainsi que les parties crémeuses, mettez-les dans un bol.

3. Faites chauffer l'huile dans une grande sauteuse et faites-y revenir tous les morceaux de homard sur feu très vif. Lorsque ceux-ci deviennent bien rouges, dégraissez la cocotte avec du papier absorbant, versez le cognac et faites flamber rapidement.

4. Sur feu doux, ajoutez le hachis d'échalotes et d'ail jusqu'à ce qu'il devienne transparent, versez alors le vin, ajoutez les tomates, le bouquet garni, salez, poivrez et faites cuire le tout environ 10 minutes.

5. Lorsque les homards sont cuits, prélevez les morceaux à l'aide d'une écumoire et tenez-les au chaud. Vous aurez, bien entendu, gardé le jus de cuisson des homards.

6. Faites réduire ce jus dans une casserole et ajoutez-y les parties que vous avez réservées : c'est-à-dire le corail et la partie crémeuse de la tête.

7. Au bout de 10 minutes environ, la sauce doit être bien réduite, passez-la alors dans un chinois en pressant tous les éléments pour en extraire tout le suc. Reportez la sauce obtenue sur feu vif et ajoutez-y le beurre que vous avez coupé en petites lamelles.

8. Lorsque la sauce est prête, versez-la dans une saucière chaude et servez-la avec les morceaux de homard ou encore faites réchauffer les morceaux de homard directement dans cette sauce dans une grande sauteuse.

Écrevisses à la nage

Temps de préparation : 15 min / Temps de cuisson : 30 min

Pour 4 personnes

1 kg d'écrevisses fraîchement pêchées · 1 carotte · 1 oignon
1 bouquet garni · 1 bouquet de persil plat
20 g de crème fraîche · sel, poivre
1 petite boîte de jus de truffe (facultatif)

1. Passez rapidement les écrevisses sous l'eau fraîche, séchez-les.

2. Pelez les légumes, coupez la carotte et l'oignon en rondelles.

3. Portez 1 l d'eau à ébullition, ajoutez-y 15 g de sel, plongez-y les légumes et le bouquet garni, laissez cuire la nage que vous venez de préparer pendant une quinzaine de minutes, écumez régulièrement.

4. Plongez-y les écrevisses et laissez-les cuire 10 minutes. Lorsqu'elles sont cuites, égouttez-les dans une passoire mais gardez un peu de nage. Ciselez le persil et placez-le dans la nage.

5. Décortiquez les écrevisses, plongez-les de nouveau dans la nage que vous avez réservée, faites-les réchauffer et servez-les nature ou ajoutez éventuellement dans la nage un peu de crème fraîche et, pour les jours de fête, une petite boîte de jus de truffe.

Coquilles Saint-Jacques aux artichauts

Temps de préparation : 20 min / Temps de cuisson : 20 min

Pour 4 personnes

12 coquilles Saint-Jacques · 12 artichauts poivrade
50 g de beurre · le jus de 1/2 citron · 7 cl d'huile d'olive
sel, poivre · 1 petite boîte de brisures de truffes

1. Portez de l'eau salée et citronnée à ébullition et plongez-y les artichauts poivrade, laissez-les cuire 10 minutes environ. Au bout de ce temps, placez-les dans une passoire et pressez-les pour en ôter toute l'eau.

2. Ouvrez les coquilles Saint-Jacques, nettoyez-les parfaitement, retirez le boyau noir et éliminez le corail.

3. Faites chauffer l'huile d'olive dans une grande poêle, mettez-y à revenir les coquilles Saint-Jacques pendant 3 minutes sur chaque face.

4. Égouttez la boîte de brisures de truffes et versez le jus dans une casserole, faites-le chauffer et ajoutez le beurre en fouettant sans cesse pour former une belle émulsion

5. Dressez les coquilles Saint-Jacques sur des assiettes individuelles préchauffées, entourez-les des artichauts poivrades que vous avez coupés en 2 ou en 4 et servez, accompagné du beurre monté dans lequel vous aurez ajouté les brisures de truffes. Mélangez bien et nappez les coquilles Saint-Jacques et les artichauts de ce jus de truffes.

Les viandes et les volailles

Une belle viande dépend de la qualité du boucher. Un bon boucher connaît bien sa bête, sait la découper et distinguer toute la subtilité des saveurs des différents morceaux, et attache une importance primordiale à sa provenance. Que l'on achète un gigot d'agneau, une côte de bœuf ou un cochon de lait, du foie de veau, des rognons ou autres délicieux abats, ou encore un poulet fermier, un canard ou une pintade, il est essentiel de s'assurer que la viande est de la première fraîcheur, issue de l'élevage traditionnel et exempte de tout additif.

Tendrons de veau aux carottes caramélisées et aux petits oignons

Temps de préparation : 20 min / Temps de cuisson : 1 h 30

Pour 4 personnes

1 kg de tendrons de veau
1 verre de vin blanc
2 verres de bouillon de volaille (voir recette page 66)
2 bottes de carottes nouvelles · 2 tomates
1 botte d'oignons nouveaux · 1 pincée de sucre
3 cuill. à soupe d'huile d'olive · 1 bouquet garni
30 g de beurre · fleur de thym ou de lavande
100 g de lard gras · sel, poivre

1. Faites chauffer l'huile d'olive dans une grande sauteuse et faites-y colorer les tendrons de veau sur toutes leurs faces.

2. Pendant ce temps, faites chauffer de l'eau dans une grande casserole, plongez-y les tomates 1 minute puis versez-les dans une passoire. Pelez-les, coupez-les en deux, épépinez-les et détaillez-les en gros morceaux. Coupez le lard en beaux lardons.

3. Lorsque les tendrons de veau sont bien colorés sur leurs deux faces, jetez l'huile de cuisson et replacez-les dans la sauteuse, ajoutez alors les tomates, les lardons, le vin blanc, un verre de bouillon de volaille, le bouquet garni et laissez cuire sur feu assez vif.

4. Allumez le four, thermostat 6. Pelez les carottes et les oignons. Gardez-les entiers. Placez les oignons dans la sauteuse, recouvrez-la de son couvercle et glissez-la dans le four ; laissez cuire à petit feu pendant environ 1 h 30.

5. Pendant ce temps, faites cuire les carottes dans le reste du bouillon avec 30 grammes de beurre et une pincée de sel. Lorsque les carottes sont juste cuites, versez-les dans une passoire, récupérez leur jus de cuisson, versez-le dans une casserole et ajoutez-y le sucre, faites réduire jusqu'à la consistance d'un sirop épais. À ce moment, ajoutez les carottes et laissez-les ainsi confire dans leur jus de cuisson.

6. Au moment de servir, sortez les tendrons de veau de la sauteuse, égouttez-les légèrement, placez-les sur des assiettes préchauffées et entourez-les des carottes bien caramélisées et des oignons. Parfumez de fleur de thym ou de lavande et servez immédiatement.

Blanquette de veau à l'ancienne

Temps de préparation : 30 min / Temps de cuisson : 1 h 10

Pour 4 personnes

1 kg de poitrine, de flanchet ou de tendrons de veau,
voire un mélange de ces viandes
2 oignons · 2 carottes · 100 g de riz basmati
1/2 l de bouillon de volaille ou, mieux, de fond blanc de
veau (voir page 79) · 1 bouquet garni · sel, poivre

Pour la sauce

40 g de beurre · 20 g de Maïzena
2 cuill. à soupe de crème fraîche épaisse
1 jaune d'œuf · le jus de 1/2 citron
au choix : des champignons de Paris ou des bois ou
un mélange des deux · 1 noix de beurre

1. Coupez la viande en gros morceaux, mettez-les dans une grande casserole remplie d'eau froide, portez à ébullition. Lorsque l'eau frémit, couvrez et laissez cuire pendant 10 minutes environ, écumez de temps à autre.

2. Égouttez la viande dans une passoire, jetez le bouillon de cuisson, remettez la viande dans la casserole, ajoutez les oignons, les carottes pelées et coupées en morceaux ainsi que le bouquet garni. Couvrez d'eau froide, salez, poivrez, portez à ébullition et laissez cuire 50 minutes. Lorsque la cuisson de la viande est terminée, maintenez-la au chaud jusqu'à la fin de la recette.

3. Faites fondre 30 g de beurre dans une petite casserole sur feu doux, ajoutez-y la Maïzena, remuez bien et laissez cuire quelques minutes sans laisser brunir. Versez progressivement dans ce roux un peu de bouillon de cuisson passé dans un chinois afin de le filtrer.

Lorsque vous obtenez une sauce légèrement épaisse, éteignez le feu. Dans un bol, mélangez la crème fraîche avec le jaune d'œuf, ajoutez un peu de bouillon chaud et versez cette préparation liquide dans la sauce que vous venez de préparer en fouettant bien pour qu'elle soit parfaitement homogène. Versez le jus du demi-citron, goûtez, rectifiez l'assaisonnement et laissez en attente.

4. Faites cuire le riz basmati à la créole : lavez-le sous l'eau fraîche, mettez-le dans une casserole, couvrez-le de bouillon de volaille, laissez cuire pendant 15 minutes environ. Pendant la cuisson du riz, pelez les champignons, émincez-les et faites-les sauter dans une poêle avec le reste de beurre.

5. Au moment de servir, disposez la viande au centre d'un plat creux préchauffé, entourez-la de riz, recouvrez-la de champignons et nappez avec la sauce bien chaude.

Côtes de veau à l'estragon

Temps de préparation : 10 min / Temps de cuisson : 20 min

Pour 4 personnes

1 beau bouquet d'estragon · 4 côtes de veau
1 cuill. à soupe d'huile · 30 g de beurre · 2 échalotes
100 g de crème fraîche (facultatif) · sel, poivre

1. Faites chauffer 20 g de beurre avec l'huile dans une grande poêle. Faites-y revenir les côtes de veau sur leurs deux faces pendant 6 minutes environ.

2. Lavez le bouquet d'estragon, effeuillez-le et hachez grossièrement la moitié des feuilles. Pelez et hachez les échalotes, faites chauffer le reste de beurre dans une casserole, faites-y revenir les échalotes et, lorsqu'elles deviennent légèrement transparentes, ajoutez-y l'estragon haché, salez, poivrez, mélangez bien. Si vous utilisez de la crème fraîche dans cette recette, c'est le moment de la verser dans la casserole pour la faire chauffer.

3. Lorsque les côtes de veau sont bien dorées sur leurs deux faces, dressez-les sur des assiettes chaudes et recouvrez-les de la sauce à l'estragon, parsemez les feuilles d'estragon entières.

4. Accompagnez ce plat d'une ratatouille.

Jarret de veau de lait rôti au vinaigre

Temps de préparation : 1 h / Temps de cuisson : 4 h 30

Pour 4 personnes

1 beau jarret de veau

1 carotte · 1 branche de céleri · 1 oignon · sel, poivre

Pour le fond de veau

1 kg d'os de veau · 100 g de carottes

100 g d'oignons · 100 g de blancs de poireaux

100 g de céleri · 1 bouquet garni · sel, poivre

5 cl de vinaigre de vin vieux

1 kg de pommes de terre rattes · 4 gousses d'ail

2 feuilles de laurier

1. Préparez le fond de veau : concassez grossièrement les os de veau et mettez-les dans une grande marmite, recouvrez-les d'eau froide, portez à ébullition. Écumez régulièrement, ajoutez de l'eau au fur et à mesure en retirant la mousse qui se forme en surface, dégraissez, ajoutez les carottes, les oignons, les blancs de poireaux, le céleri et le bouquet garni. Laissez cuire environ 3 heures en écumant toujours régulièrement. Au bout de ce temps, prélevez les os de veau avec une écumoire, laissez le bouillon refroidir et filtrez-le dans un chinois – vous pourrez l'utiliser immédiatement ou encore le verser dans des bouteilles pour une utilisation ultérieure.

2. Préparez le jarret de veau : assaisonnez-le en sel et en poivre. Pelez la carotte, la branche de céleri et l'oignon, coupez-les en morceaux.

3. Déposez le jarret de veau dans une grande cocotte, ajoutez les légumes coupés en morceaux, deux verres de fond de veau, couvrez la cocotte de son couvercle. Allumez le four, thermostat 5. Glissez la cocotte dans le four et laissez cuire une heure. Au bout de ce temps, retournez le jarret pour qu'il cuise bien uniformément.

4. Lorsque le jarret a cuit pendant 1 heure, récupérez son jus de cuisson, ajoutez le vinaigre de vin, faites cuire sur feu vif jusqu'à ce que le liquide réduise de moitié, versez ce jus sur le jarret, ajoutez les gousses d'ail entières et les feuilles de laurier, et laissez encore cuire 30 minutes, thermostat 7.

5. Au moment de servir, faites cuire les pommes de terre entières à la vapeur et servez-les poudrées de fleur de sel avec le jarret de veau et les gousses d'ail entières.

Tête de veau sauce gribiche

Temps de préparation : 1 h / Temps de cuisson : 1 h 30

Pour 4 personnes

1 tête de veau désossée avec la langue et la cervelle
2 cuill. à soupe de vinaigre blanc · 2 carottes · 2 oignons
2 clous de girofle · 2 poireaux · 50 g de Maïzena
10 cl de vin blanc sec · gros sel · 1 bouquet garni
8 pommes de terre · 2 baies de genièvre
1 cuill. à soupe de poivre en grains
1 cuill. à soupe de baies roses

Pour la sauce gribiche

2 œufs · 1 cuill. à café de moutarde forte
2 cornichons hachés · 2 cuill. à soupe de câpres hachées
2 cuill. à soupe d'herbes (cerfeuil, persil, estragon)
finement ciselées · 2 dl d'huile d'olive
sel, poivre du moulin

1. Nettoyez soigneusement la tête de veau, faites dégorger la cervelle dans de l'eau glacée pendant 15 minutes.

2. Dans un grand faitout, mettez la tête de veau avec la langue, couvrez d'eau froide, salez, ajoutez le vinaigre, portez à ébullition.

3. Pendant ce temps, épluchez les carottes et émincez-les finement, pelez les oignons, piquez-les de clous de girofle. Lavez les poireaux et détaillez-les en tronçons, ficelez-les en petites bottes.

4. Égouttez la tête de veau, passez-la sous l'eau fraîche, nettoyez-la très soigneusement, dégraissez-la et coupez-la en morceaux, mettez-la dans une grande casserole avec la langue, couvrez d'eau froide et laissez cuire 1 heure supplémentaire. Au bout de ce temps, ajoutez la Maïzena, le vin blanc, les carottes, les oignons, les poireaux, le gros sel, le poivre en grains, les baies roses, les baies de genièvre, le bouquet garni et les pommes de terre. Laissez frémir pendant 30 minutes.

5. Faites durcir les œufs dans de l'eau bouillante pendant 9 minutes. Passez-les sous l'eau fraîche, écalez-les, laissez-les refroidir.

6. Préparez la sauce gribiche : coupez les œufs en deux, séparez les blancs des jaunes. Écrasez les jaunes avec une fourchette et mélangez-les avec la moutarde et l'huile. Hachez très finement les blancs et mélangez-les dans la préparation précédente. Ajoutez tous les condiments et les herbes, salez, poivrez et goûtez la sauce pour rectifier l'assaisonnement si nécessaire.

7. Égouttez la tête de veau dans une passoire, épluchez la langue, détaillez-la en belles tranches. Égouttez la cervelle, essuyez-la, coupez-la en quatre morceaux, farinez-les, faites-les cuire dans du beurre à la poêle.

8. Disposez dans un grand plat creux de service les morceaux de tête de veau, les tranches de langue et la cervelle. Servez les pommes de terre et les légumes à part. Présentez la sauce gribiche en saucière, chacun se servira à son goût.

Foie de veau à la lyonnaise

Temps de préparation : 15 min / Temps de cuisson : 15 min

Pour 4 personnes

4 belles tranches de foie de veau de 120 g chacune
20 g de farine · 30 g de beurre · 4 oignons · sel, poivre
1 filet de vinaigre de vin vieux · 1 bouquet de persil plat
2 cuill. à soupe de vin blanc ou de bouillon de volaille

1. Farinez très légèrement les tranches de foie de veau et retirez l'excédent de farine en les secouant. Salez et poivrez.

2. Faites fondre le beurre dans une grande poêle et mettez-y à cuire les tranches de foie de veau 4 minutes sur chaque face si vous les aimez rosées, 6 minutes si vous les aimez plus cuites.

3. Pelez les oignons, émincez-les finement, faites-les fondre dans 20 g de beurre, ajoutez un peu de jus de cuisson de la viande, arrosez avec le filet de vinaigre et laissez-les fondre en une purée un peu grossière.

4. Lorsque les oignons sont cuits, versez-les dans un grand plat creux préchauffé, recouvrez-en les tranches de foie de veau, déglacez le vin blanc ou le bouillon de volaille, faites réduire la sauce et parsemez-en les tranches de foie de veau. Au dernier moment, ciselez le persil plat.

Grenadins de veau aux fèves et aux girolles

Temps de préparation : 15 min / Temps de cuisson : 30 min

Pour 4 personnes

4 beaux grenadins de veau dans le filet
500 g de petites girolles
1 bouquet d'estragon · 600 g de fèves fraîches
30 g de beurre
sel, poivre du moulin

1. Lavez les girolles, retirez leur bout terreux (coupez-les en morceaux si elles sont trop grosses). Lavez le bouquet d'estragon et effeuillez-le. Écossez les fèves.

2. Faites fondre le beurre dans une grande poêle, salez et poivrez les grenadins, placez-les dans la poêle sur feu vif. Retournez-les à plusieurs reprises pour qu'ils s'imprègnent bien du beurre fondu, couvrez la poêle et laissez cuire pendant 10 minutes environ, il faut qu'ils restent bien rosés et moelleux à l'intérieur.

3. Faites cuire pendant ce temps les fèves à la vapeur ou dans de l'eau bouillante salée.

4. Lorsque les grenadins ont pris une belle couleur noisette, maintenez-les au chaud et mettez à leur place les girolles. Laissez-les revenir pendant 5 minutes, ajoutez les fèves bien égouttées, parsemez l'estragon, mélangez bien le tout, faites sauter pendant 5 à 10 minutes.

5. Au bout de ce temps, replacez les grenadins de veau dans la poêle, goûtez l'assaisonnement et servez immédiatement bien chaud.

Mon Conseil

Les grenadins sont pour le veau l'équivalent des tournedos pour le bœuf, c'est-à-dire des tranches rondes coupées dans la partie la plus épaisse du filet de ces viandes. Ils sont chers à l'achat, mais leur texture et leur saveur sont incomparables.

Tartare de queue de filet de bœuf

Temps de préparation : 15 min / Pas de cuisson

Pour 4 personnes

600 g de queue de filet de bœuf

sel, poivre

1 cuill. à soupe de cerfeuil, d'estragon et de persil plat

1 cuill. à café de moutarde

1 cuill. à soupe de câpres · 8 cornichons

4 petits oignons blancs

huile d'olive extra-vierge · 4 œufs

sauce Worcestershire · Tabasco · ketchup

1. Hachez au couteau la viande après l'avoir coupée en petits cubes. Détaillez-la en quatre parts égales, aplatissez-les, recouvrez-les de papier étirable et maintenez-les au frais.

2. Détaillez les cornichons en petits dés. Pelez et hachez les petits oignons blancs.

3. Cassez les œufs et laissez les jaunes dans la moitié de leur coquille.

4. Sortez la viande, creusez un puits au centre, placez-y les jaunes d'œufs.

5. Préparez des petites coupelles et remplissez-les des cornichons, des oignons, des câpres et de la moutarde. Placez-y également les herbes séparément. Sortez la bouteille d'huile d'olive extra-vierge, la sauce Worcestershire, le Tabasco et le ketchup.

6. Au moment de servir, placez les tartares au centre de quatre assiettes, et présentez sur la table toutes les coupelles et toutes les sauces aromatiques, chacun se servira à sa guise.

Mon Conseil

Cette recette est celle que je préfère car elle permet à chacun de préparer son tartare selon ses goûts. Certains préfèrent au contraire mélanger à la viande tous les aromates avant de la présenter sur la table.

Carpaccio de bœuf

Temps de préparation : 10 min / Pas de cuisson

―――――*Pour 4 personnes*―――――

600 g de filet de bœuf · 1 dl d'huile d'olive extra-vierge de
Toscane de préférence · 1 cuill. à café de fleur de sel
feuilles de basilic · 8 câpres fraîches · poivre en grains
200 g de roquette (facultatif)
80 g de parmesan (facultatif)

1. Placez la viande dans le congélateur pendant 15 minutes pour la faire durcir, ainsi vous pourrez l'émincer plus facilement.

2. À l'aide d'un pinceau, étalez un peu d'huile d'olive sur quatre assiettes plates. Émincez la viande le plus finement possible (si possible avec une trancheuse électrique). Étalez les tranches sur les assiettes que vous avez prépa-rées. Versez un filet d'huile d'olive, poivrez, parsemez la fleur de sel et les câpres. Disposez les feuilles de basilic.

3. Servez ce carpaccio avec de l'huile d'olive à portée de main. Vous pouvez aussi présenter de la roquette et du parmesan en copeaux.

Entrecôte bordelaise

Temps de préparation : 20 min / Temps de cuisson : 30 min

Pour 4 personnes

4 belles entrecôtes bien épaisses
1 cuill. à soupe d'huile · 10 g de beurre

Pour la sauce bordelaise

4 échalotes grises · 1 dl de vin rouge · 1 bouquet garni
1 dl de fond de veau (voir recette page 79)
50 g de beurre · sel, poivre · 1/2 bouquet de persil plat
2 os à moelle (facultatif)· fleur de sel (facultatif)

1. Préparez la sauce bordelaise : pelez et hachez finement les échalotes, mettez-les dans une petite casserole avec le vin rouge, le bouquet garni et le poivre, portez à ébullition. Faites réduire de moitié, versez alors le fond de veau. Faites réduire de nouveau, ajoutez alors le beurre coupé en petites parcelles et fouettez bien le tout pour émulsionner la sauce, maintenez-la au chaud le temps de faire cuire les entrecôtes.

2. Faites chauffer un gril en fonte et enduisez-le d'un peu d'huile, faites-y saisir les entrecôtes. Laissez-les cuire pendant 4 minutes environ sur chaque face. Retournez la viande de façon à former des croisillons sur chaque face.
3. Lorsque la viande est cuite à votre goût, placez-la sur des assiettes chaudes, couvrez-la de la sauce bordelaise et parsemez de persil.

Mon Conseil

Avec de la moelle de bœuf, c'est encore meilleur, mais c'est plus gras. Si vous ne redoutez pas le cholestérol, placez deux beaux os à moelle dans une mousseline ; faites-les cuire pendant 40 minutes dans de l'eau salée, égouttez-les, grattez la moelle et placez-la, coupée en rondelles, sur les entrecôtes. Recouvrez de fleur de sel.

Bavette d'aloyau aux échalotes

Temps de préparation : 10 min / Temps de cuisson : 10 à 15 min

Pour 4 personnes

600 g de bavette d'aloyau
12 échalotes
50 g de beurre
1 dl de bouillon de volaille (voir recette page 66)
sel, poivre
2 cuill. à soupe de bon vin rouge
1 cuill. à soupe d'huile

1. Dans une casserole, faites chauffer le bouillon de volaille avec le vin rouge, laissez réduire pendant 15 minutes. Au bout de ce temps, le liquide doit avoir réduit de moitié, ajoutez alors 30 g de beurre coupé en parcelles et fouettez bien le tout. Maintenez la sauce au chaud.

2. Pendant ce temps, pelez les échalotes et émincez-les finement. Faites chauffer le reste de beurre dans une poêle, faites-y revenir les échalotes jusqu'à ce qu'elles deviennent transparentes, salez, poivrez. Laissez-les légèrement confire. Lorsqu'elles ont pris une jolie couleur noisette, mettez-les dans la sauce, mélangez bien et replacez la casserole sur feu doux.

3. Faites chauffer un gril en fonte, enduisez-le d'un peu d'huile et mettez-y à griller les bavettes pendant 3 minutes sur une face, puis 3 minutes sur l'autre face. Il faut que les bavettes restent rosées à l'intérieur. Lorsque les bavettes sont cuites à votre goût, salez-les, poivrez-les et posez-les sur des assiettes chaudes.

4. Recouvrez-les de la sauce aux échalotes et servez immédiatement, accompagnées de purée de pommes de terre (voir recette page 166) ou encore de salsifis (voir recette page 159).

Mon Conseil

À défaut de bavette, vous pouvez utiliser de la hampe ou de l'onglet de bœuf. Ce sont toutes des viandes « longues » dont la texture et le goût n'ont pas leur pareil.

Filet de bœuf à la ficelle

Temps de préparation : 30 min / Temps de cuisson : 10 min

───────── *Pour 4 personnes* ─────────

1 kg de filet de bœuf
1 cube de bouillon de volaille · 1 branche de céleri
4 carottes · 4 poireaux · 4 petits navets · 8 oignons blancs
1 fenouil · 1 bouquet garni · fleur de sel
poivre du moulin · cornichons · moutarde

1. Pelez les carottes, les poireaux, les navets, le céleri et le fenouil, coupez-les en gros morceaux. S'ils sont petits, laissez-les entiers.

2. Portez à ébullition 2 litres d'eau, ajoutez le cube de bouillon de volaille, le bouquet garni, les carottes, les poireaux, les navets, le céleri et le fenouil, laissez cuire pendant 30 minutes.

3. Coupez la viande en quatre pavés épais de 4 cm environ, ficelez-les avec de la ficelle de cuisine et accrochez-les sur une cuillère en bois pour pouvoir les plonger dans le bouillon en les maintenant juste au niveau du liquide.

4. Laissez cuire la viande de 7 à 8 minutes après la reprise de l'ébullition selon le degré de cuisson que vous souhaitez. Pour cette recette, je conseille une cuisson rapide pour que la viande reste bien rouge et que le sang reste à l'intérieur. La viande sera ainsi plus moelleuse.

5. Sortez la viande de son bouillon de cuisson, posez les pavés sur des assiettes creuses et retirez la ficelle. Prélevez les légumes avec une écumoire, entourez-en les pavés de viande, salez, poivrez et placez sur la table la moutarde et les cornichons, chacun se servira à sa convenance.

───────── *Mon Conseil* ─────────

Pour donner du goût au bouillon de cuisson de ce bœuf à la ficelle, ajoutez un ou deux os à moelle et un morceau de lard en début de cuisson.

Bœuf bourguignon

Temps de préparation : 30 min / Temps de cuisson : 1 h 45

─────── *Pour 4 personnes* ───────

1 kg de bœuf à braiser (macreuse, paleron, jumeau, etc.)

2 cuill. à soupe d'huile de tournesol · 50 g de beurre

1 cuill. à soupe de farine · 100 g de champignons de Paris

100 g d'oignons grelots · 100 g de lard maigre

100 g de croûtons · sel, poivre du moulin

Pour la marinade

1 bouteille de bon vin rouge de Bourgogne

1 bel oignon piqué de 2 clous de girofle · 2 échalotes

2 carottes · 2 cuill. à soupe d'huile de tournesol

1 bouquet garni · sel, 1 cuill. à café de poivre concassé

En accompagnement

8 pommes de terre rattes · 30 g de beurre

1 bouquet de persil plat

1. La veille, préparez la marinade : pelez et émincez finement les échalotes et les carottes. Coupez la viande en gros cubes, mettez-les dans une grande terrine, arrosez-les avec le vin et l'huile, ajoutez l'oignon, les carottes et les échalotes, le bouquet garni, le poivre concassé, remuez avec une spatule en bois, couvrez la terrine et laissez mariner pendant 12 heures au minimum.

2. Le lendemain, préparez la viande : égouttez-la, séchez-la dans du papier absorbant et filtrez la marinade.

3. Faites chauffer l'huile avec le beurre dans une grande cocotte, faites-y revenir la viande jusqu'à ce qu'elle dore de toutes parts, jetez la matière grasse de la cocotte. Faites chauffer 20 grammes de beurre, mettez-y la viande, le jus qu'elle a rendu et ajoutez la farine – vous allez former un roux. Mélangez le tout, portez la marinade à ébullition et versez-la chaude dans la cocotte, salez, poivrez, couvrez, et laissez cuire à petits bouillons 1 h 30. Au bout de ce temps, goûtez, rectifiez l'assaisonnement si nécessaire.

4. Nettoyez les champignons, émincez-les, épluchez les oignons grelots et coupez le lard en petits dés.

5. Au bout de 1 h 15 de cuisson de la viande, faites fondre le lard dans une poêle, ajoutez-y les oignons et les champignons, laissez revenir le tout et, au bout de 15 minutes, versez-les dans la cocotte, faites bien chauffer le tout encore une bonne dizaine de minutes.

6. Vérifiez la cuisson de la viande en piquant celle-ci avec une fourchette : si la viande est bien tendre, c'est qu'elle est cuite à point, sinon laissez-la encore cuire quelques minutes.

7. Faites cuire les pommes de terre à l'anglaise : épluchez-les, plongez-les dans de l'eau bouillante salée 15 minutes. Égouttez-les, versez 30 grammes de beurre fondu et recouvrez-les de persil plat ciselé.

8. Prélevez la viande avec une écumoire, placez-la au centre d'un plat creux, entourez-la des pommes de terre à l'anglaise et recouvrez-la de la garniture de cuisson (oignons, champignons et lard) à l'aide d'une louche.

Tablier de sapeur

Temps de préparation : 1 h / Temps de cuisson : 6 h
Temps de marinade : 3 h / À préparer la veille

Pour 4 personnes

1 panse de bœuf, commandée chez votre tripier
(600 à 800 g) · 2 oignons · 2 clous de girofle
4 carottes · 1 bouquet garni · 2 dl de vin blanc sec

Pour la sauce gribiche

3 tranches de mie de pain · 4 brins de persil plat
4 brins d'estragon · 2 cuill. à café de fleur de sel · 1 œuf
1 dl d'huile d'arachide · 2 cuill. à soupe de vinaigre
2 cuill. à soupe de câpres fraîches · 4 cornichons · 1 citron
1 cuill. à café de moutarde · 3 cuill. à soupe bien bombées
de farine · 1œuf · 3 cuill. à soupe de chapelure
1 bain de friture · sel, poivre

1. Rincez abondamment la panse de bœuf dans de l'eau bien fraîche, changez l'eau plusieurs fois. Lorsqu'elle est parfaitement propre, égouttez-la soigneusement.

2. Pelez les oignons et les carottes, coupez-les en gros morceaux, mettez-les dans une grande cocotte, ajoutez le bouquet garni, les clous de girofle, le vin blanc sec. Placez-y la panse de bœuf, couvrez d'eau, salez, poivrez, couvrez la cocotte, portez à ébullition et laissez cuire sur feu très doux pendant 6 heures environ. Écumez très régulièrement pendant la cuisson. Lorsque la panse est cuite, laissez-la refroidir dans son liquide de cuisson.

3. Préparez la sauce gribiche : faites cuire l'œuf pendant 9 minutes dans de l'eau bouillante. Lorsqu'il est dur, égouttez-le dans une passoire, passez-le rapidement sous l'eau fraîche, écalez-le, coupez-le en deux et retirez-en le jaune. Coupez la croûte des tranches de pain et mixez la mie avec le persil plat ciselé, l'estragon ciselé et la fleur de sel. Mettez ce mélange dans un grand saladier, ajoutez le jaune d'œuf réduit en pâte bien fine et montez le tout au fouet avec l'huile,

le vinaigre. Salez et poivrez. Hachez finement les câpres et les cornichons, ajoutez-les dans la préparation, mélangez bien. Hachez finement le blanc d'œuf sur la sauce gribiche que vous venez de préparer. Placez-la au frais.

4. Égouttez la panse, séchez-la sur du papier absorbant et taillez-la en triangles. Prélevez trois louches du jus de cuisson de celle-ci, versez-les dans un grand plat creux, ajoutez le jus du citron, 1 cuill. à soupe d'huile et la moutarde. Faites mariner les triangles de panse pendant 3 heures au frais.

5. Égouttez les triangles de panse, séchez-les et enveloppez-les de farine, plongez-les dans un œuf battu avec de l'huile puis dans la chapelure pour les paner bien régulièrement.

6. Dans un bain de friture bien chaud, plongez les triangles et faites-les frire pendant quelques minutes, prélevez-les et posez-les sur du papier absorbant.

7. Dressez sur un fond de sauce gribiche les triangles de tablier de sapeur, salez, poivrez et servez-les bien chauds avec de la moutarde.

Joue de bœuf aux carottes et aux pieds de veau

Temps de préparation : 1 h / Temps de cuisson : 3 h

Pour 4 personnes

1 kg de joue de bœuf
2 pieds de veau fendus en deux
1 botte d'oignons nouveaux · 200 g de beurre
1 kg de carottes nouvelles de préférence
40 g de chocolat noir · 2 dl de vin rouge corsé
sel, poivre

1. Faites fondre 50 grammes de beurre dans une grande cocotte en fonte émaillée sur feu assez vif. Faites-y revenir les joues de bœuf sur toutes leurs faces jusqu'à ce qu'elles deviennent légèrement colorées, salez, poivrez, ajoutez 1 dl d'eau et la même quantité de vin rouge pour déglacer les sucs de viande qui se sont déposés au fond de la cocotte. Déglacez avec une spatule en bois.

2. Ajoutez les pieds de veau fendus en deux, posez le couvercle et faites cuire à four moyen (150 °C environ) de 2 à 3 heures en surveillant la cuisson pour que la viande ne dessèche pas. Ajoutez de l'eau et du vin si nécessaire.

3. Pendant ce temps, pelez les petits oignons nouveaux, coupez-les en quatre. Au bout de 1 h 30 de cuisson, sortez la cocotte du four, ajoutez les oignons et replacez la cocotte dans le four.

4. Pelez les carottes, coupez leurs fanes, gardez-les entières si ce sont de petites carottes nouvelles, à défaut, détaillez-les en fins bâtonnets.

5. Dans une casserole, faites fondre 50 grammes de beurre, faites-y cuire doucement les carottes avec un peu de sel et de poivre en les recouvrant de quelques cuillerées d'eau – il faut compter une dizaine de minutes de cuisson.

6. Lorsque les carottes sont légèrement colorées sur toutes leurs faces, égouttez-les et, pour terminer leur cuisson, incorporez-les dans la cocotte où cuisent la viande et les oignons. Laissez encore cuire une vingtaine de minutes.

7. Prélevez les pieds de veau de la cocotte et désossez-les soigneusement. Prélevez la viande et coupez-la en belles tranches bien régulières.

8. Au moment de servir, à l'aide d'une écumoire, prélevez les carottes et les oignons de leur jus de cuisson, disposez-les dans le fond d'un plat de service préchauffé. Rangez sur le lit de carottes les tranches de viande, entourez-les des pieds de veau désossés et maintenez-les au chaud le temps de préparer la sauce d'accompagnement.

9. Prélevez le jus de cuisson avec une louche, passez-le dans un chinois placé au-dessus d'une casserole, tassez bien pour récupérer tout le suc des ingrédients, placez la casserole sur feu moyen, ajoutez le chocolat grossièrement concassé, puis le reste de beurre coupé en petites noisettes. Fouettez pour avoir une belle sauce bien émulsionnée qui doit avoir une couleur bien foncée, versez cette sauce sur les joues de bœuf.

10. Servez ces joues de bœuf avec le reste de la sauce en saucière.

Gras-double à la lyonnaise

Temps de préparation : 20 min / Temps de cuisson : 6 h

───────── *Pour 4 personnes* ─────────

1 panse de bœuf · 2 carottes

3 oignons · 1 bouquet garni · 2 verres de vin blanc sec

20 g de saindoux · 2 cuill. à soupe de vinaigre de vin

sel, poivre

Pour la sauce moutarde

2 cuill. à soupe de moutarde · 1 dl de vin blanc sec

30 g de beurre · 2 échalotes

1/2 bouquet d'estragon · sel, poivre

1 dl de fond de veau (voir recette page 79)

Pour le décor

1/2 bouquet d'estragon

1. Passez la panse de bœuf sous l'eau fraîche et faites-la tremper pendant 3 heures dans de l'eau fraîche en la retournant de temps à autre et en changeant l'eau deux ou trois fois.

2. Pelez les oignons et les carottes, coupez-les en morceaux et mettez-les dans une grande marmite.

3. Lorsque la panse a trempé pendant 3 heures, égouttez-la soigneusement, mettez-la dans la marmite, ajoutez alors le bouquet garni, le vin blanc et couvrez d'eau à hauteur. Salez, poivrez, portcz à ébullition, couvrez et laissez cuire sur feu très doux pendant 6 heures en écumant très régulièrement.

4. Au bout de ce temps, égouttez la panse dans une grande passoire, découpez-la en fines lanières et laissez-les tiédir.

5. Préparez la sauce moutarde : dans une casserole, faites réduire le vin blanc avec le jus de veau. Pelez les échalotes, émincez-les finement, ciselez l'estragon, ajoutez les échalotes, l'estra-gon, le sel et le poivre dans la réduction que vous venez de préparer, laissez cuire 10 minutes environ.

6. Au bout de ce temps, passez cette sauce dans un chinois, tassez bien, ajoutez-y le beurre coupé en petites parcelles, fouettez bien pour former une sauce très homogène. Ajoutez la moutarde et mélangez parfaitement le tout. Versez-la dans une casserole, placez-la sur feu très doux.

7. Dans une grande poêle, faites fondre le saindoux et faites-y rissoler les lanières de gras-double. Lorsque celles-ci sont bien crous-tillantes de toutes parts, déglacez avec le vinaigre de vin.

8. Au moment de servir, disposez les lanières de gras-double sur des assiettes chaudes et recouvrez-les de la sauce moutarde que vous venez de préparer.

9. Parsemez le reste d'estragon finement ciselé au dernier moment. Servez bien chaud.

Cochon de lait farci aux herbes cuit à la broche

Temps de préparation : 1 h / Temps de cuisson : 2 h 30

Pour 4 personnes

1 petit cochon de lait entier de 4 à 5 semaines au maximum
100 g de beurre demi-sel · 1 gros bouquet de persil plat
1 bouquet d'estragon · 1 bouquet de ciboulette
1 bouquet de cerfeuil · 3 branches de thym
2 feuilles de laurier · 1 pincée de piment d'Espelette
sel, poivre · 1 cuill. à soupe de cognac (facultatif)

1. Lavez les herbes, séchez-les dans du papier absorbant, ciselez-les grossièrement, émiettez le thym et le laurier.

2. Préparez la farce : faites fondre le beurre dans une casserole, ajoutez-y toutes les herbes ainsi que le foie du cochon de lait. Salez, poivrez. Ajoutez éventuellement une cuillerée à soupe de cognac et le piment d'Espelette. Mélangez bien et formez une belle farce.

3. Remplissez l'intérieur du cochon de cette farce, refermez-le, cousez les parois de l'abdomen avec de la ficelle, fermez bien tous les orifices de l'animal.

4. Sur une broche ou dans une grande rôtissoire, embrochez le cochon de lait et fixez les pattes vers le corps avec des petites piques en bois. Faites tourner le cochon sur le tournebroche devant les braises bien rougeoyantes, arrosez éventuellement la bête avec de l'eau salée chaude pendant la cuisson – comptez environ 30 minutes par livre.

5. Lorsque le cochon de lait est cuit à point, arrêtez la cuisson et retirez-le de la broche. Découpez-le en belles tranches et servez-les avec la farce qui est à l'intérieur. Récupérez un peu de jus de cuisson et versez-le sur les tranches de viande.

Mon Conseil

*Laissez le cochon de lait encore 10 minutes
sur la broche après la fin de la cuisson,
pour que la peau soit bien croustillante.*

Travers de porc au miel et aux épices

Temps de préparation : 20 min / Temps de cuisson : 30 min

Pour 4 personnes

1 kg de travers de porc · 120 g de miel
6 cl de sauce de soja · 6 cl de vinaigre de Xérès
20 g de gingembre fraîchement râpé
1/2 cuill. à café de fécule de pommes de terre
sel, poivre · 1 pincée de cumin
1 pincée de cannelle · 1 pincée de sucre glace
1 verre de bouillon de volaille (voir recette page 66)

1. Dans un grand plat creux, mélangez le miel avec la sauce de soja, le vinaigre de Xérès, le gingembre et la fécule de pommes de terre. Salez et poivrez

2. Coupez les travers de porc en belles tranches. Placez-les dans cette préparation pendant 30 minutes. Retournez-les plusieurs fois pour que la peau en soit bien imprégnée, saupoudrez d'une pincée de cumin, de cannelle et enfin de sucre glace, retournez encore les travers de porc dans cette marinade.

3. Dans une grande sauteuse, faites revenir sur feu moyen les travers de porc légèrement égouttés pendant 5 minutes sur une face, retournez-les et laissez-les dorer sur l'autre face. Ajoutez alors le bouillon de volaille et deux cuillerées à soupe de la marinade dans laquelle ont macéré les travers de porc, laissez cuire 5 minutes supplémentaires.

4. Allumez le four, thermostat 9. Enduisez largement un grand plat à four du reste de la marinade, placez-y les travers de porc et laissez cuire une petite vingtaine de minutes en les retournant régulièrement et en les arrosant de leur liquide de cuisson.

5. Lorsque les travers de porc sont cuits à point, sortez le plat du four, placez les tranches de travers de porc sur des assiettes chaudes.

6. Faites chauffer le reste du liquide de cuisson dans une grande casserole jusqu'à ce qu'il réduise de moitié. Passez-le dans un chinois, faites-le réchauffer sur feu très doux.

7. Au moment de servir, nappez les travers de porc de cette sauce et servez-les immédiatement accompagnés de riz basmati cuit à la créole ou en pilaf.

Mon Conseil

Le riz créole est cuit dans du bouillon de volaille alors que le riz pilaf est cuit dans un peu d'huile, avec de petits oignons émincés, puis est recouvert d'eau bouillante.

Côtes de porc sauce charcutière

Temps de préparation : 20 min / Temps de cuisson : 30 min

Pour 4 personnes

4 côtes de porc dans le filet

2 oignons · 3 échalotes · 20 g de beurre

1 dl de vin blanc · 1/2 dl de vinaigre de vin vieux

1 verre de fond de veau (voir recette page 79)

1 cuill. à café de moutarde

1 cuill. à soupe d'huile de tournesol

6 cornichons · 4 branches de persil plat

sel, poivre

1. Préparez la sauce : faites chauffer le fond de veau sur feu doux. Pelez et émincez finement les oignons et les échalotes.

2. Faites chauffer la moitié du beurre dans une petite casserole, mettez-y à revenir sur feu très doux les oignons et les échalotes jusqu'à ce qu'ils prennent une légère coloration. Versez alors le vin blanc et le vinaigre dans la casserole, faites réduire aux deux tiers.

3. Lorsque la sauce est bien réduite, versez le fond de veau et faites de nouveau réduire. Salez, poivrez et laissez chauffer sur feu très doux.

4. Hachez finement les cornichons et ciselez le persil plat, ajoutez-les dans la sauce, incorporez la moutarde, couvrez et éteignez le feu.

5. Faites chauffer dans une grande poêle l'huile et le reste de beurre, faites-y dorer les côtes de porc environ 6 minutes sur chaque face.

6. Lorsqu'elles ont pris une belle coloration, dressez-les sur des assiettes chaudes, recouvrez-les de la sauce charcutière bien réduite.

7. En accompagnement, vous pouvez servir ces côtes de porc avec de la purée de pommes de terre (voir recette page 166) ou du gratin dauphinois (voir recette page 168).

Mon Conseil

*J'ajoute parfois de l'estragon et des câpres
à ma sauce.*

Agneau de lait confit aux épices et aux fruits secs

Temps de préparation : 20 min / Temps de cuisson : 2 h

Pour 4 personnes

1 kg de collier d'agneau · 5 dl d'huile d'olive
2 bouquets de thym frais · 1 tête d'ail nouveau
sel, poivre en grains concassés
1 dl de bouillon de volaille (voir recette page 66)
1 pincée de vanille · 1 pincée de gingembre
1 pincée de safran · 1 pincée de piment de Cayenne
200 g d'abricots secs · 200 g de pruneaux
200 g de graines de couscous · 30 g de beurre
1 pincée de cannelle · 1 pincée de cumin

1. Coupez le collier d'agneau en beaux morceaux. Dans une grande cocotte, faites chauffer l'huile, mettez-y à revenir les morceaux de collier d'agneau, versez un peu d'eau et laissez mijoter sur feu très doux pendant 1 heure.

2. Lorsque les morceaux d'agneau commencent à être un petit peu moelleux, retirez-les de la cocotte.

3. Allumez le four, thermostat 6. Ajoutez dans la cocotte la garniture aromatique, c'est-à-dire le mélange d'épices composé de la vanille, du gingembre, du safran et du piment de Cayenne. Mélangez bien, replacez les morceaux de collier, versez une partie du jus de cuisson de l'agneau et recouvrez la viande de bouillon de volaille à hauteur. couvrez la cocotte et placez-la dans le four. Laissez mijoter pendant 2 heures.

4. Au bout de ce temps, sortez la cocotte du four, prélevez une partie du jus de cuisson et faites-le réduire dans une casserole sur feu vif. Ajoutez-y alors les abricots et les pruneaux, laissez-les gonfler dans ce jus, saupoudrez d'une pincée de cannelle et de cumin, laissez cuire encore pendant 10 minutes toujours sur feu doux.

5. Faites cuire le couscous. Prélevez trois louches du jus de cuisson de l'agneau et versez-le bien chaud sur les graines de couscous. Laissez gonfler les graines pendant 10 minutes, puis placez-les dans un couscoussier et faites cuire 15 minutes.

6. Au moment de servir, disposez les graines de couscous bien moelleuses dans un plat de service et recouvrez d'un peu de beurre salé. Placez au-dessus l'agneau et les fruits secs. Recouvrez de la sauce de cuisson.

Curry d'agneau

Temps de préparation : 30 min / Temps de cuisson : 1 h
Temps de marinade : 1 h

Pour 4 personnes

1 kg d'épaule d'agneau
1 cuill. à soupe de grains de coriandre
1 cuill. à soupe de grains de cumin
1 cuill. à café de cardamome · 1 cuill. à café de cannelle
2 clous de girofle · 1 morceau de gingembre
1/2 cuill. à café de grains de poivre noir
1/2 cuill. à café de chili rouge · 1 cuill. à café de curcuma
2 dl de vinaigre de vin rouge
2 feuilles de laurier · 3 gousses d'ail
1 cuill. à café de graines de moutarde

1. Dans une poêle, faites griller la coriandre et le cumin. Mettez-les dans le bol d'un robot électrique avec toutes les autres épices et réduisez-les en une poudre bien fine, ajoutez-y le chili, le curcuma, mélangez avec une cuillerée à café de vinaigre et râpez finement le gingembre.

2. Coupez la viande d'agneau en gros cubes. Faites-les macérer dans la pâte que vous venez de réaliser, posez au-dessus les feuilles de laurier et recouvrez avec le reste de vinaigre. Laissez ainsi, si possible, au moins 1 heure. Retournez les cubes de viande de temps à autre, recouvrez la viande de film étirable.

3. Préchauffez le four, thermostat 4.

4. Pelez les gousses d'ail, hachez-les, faites-les revenir dans une grande cocotte en fonte, ajoutez les graines de moutarde, puis la viande et la marinade, salez légèrement, portez à ébullition et couvrez. Placez la cocotte dans le four et laissez cuire au moins 1 heure.

5. Au bout de ce temps, vérifiez la cuisson : la viande doit être moelleuse et fondante, il doit rester encore un peu de liquide. Au besoin, ajoutez de l'eau chaude en cours de cuisson.

6. Au moment de servir, présentez ce curry d'agneau avec du riz créole ou des pommes de terre cuites à l'anglaise, c'est-à-dire juste plongécs dans de l'eau bouillante.

Mon Conseil

Pour vous faire gagner du temps, je vous conseille de préparer à l'avance la poudre d'épices et de la conserver dans un bocal fermant hermétiquement avant d'y ajouter le vinaigre et le gingembre.

Canette mi-sauvage poivre et sel

Temps de préparation : 20 min / Temps de cuisson : 1 h

Pour 4 personnes

1 canette mi-sauvage de Barbarie bridée par votre volailler
4 échalotes · 2 gousses d'ail
3 feuilles de laurier · 1 bouquet de thym
poivre du moulin · sel fin
50 g de beurre

1. Salez et poivrez la canette. Émiettez la moitié du thym et une feuille de laurier, roulez la volaille dans cette préparation et enveloppez-la bien de ces aromates.

2. Faites fondre la moitié du beurre dans une grande cocotte et faites-y revenir la canette sur toutes ses faces jusqu'à ce qu'elle soit légèrement dorée.

3. Pelez les échalotes et les gousses d'ail, mettez-les entières dans la cocotte. Placez les feuilles de laurier et les branches de thym restantes. Couvrez la cocotte et laissez mijoter sur feu doux pendant 45 minutes.

4. Au bout de ce temps, retournez la volaille, replacez le couvercle et laissez encore cuire pendant 15 minutes.

5. Faites fondre le reste de beurre dans une casserole, retirez la partie mousseuse qui s'est formée à la surface et, lorsque la volaille est cuite à point, retirez-la de la cocotte dans laquelle elle a cuit, arrosez-la avec ce beurre clarifié.

6. Au moment de servir, découpez la volaille en beaux morceaux, posez-les dans un grand plat creux et présentez-les à table avec juste les échalotes et l'ail au naturel.

7. Accompagnez-les d'endives braisées (voir recette page 152).

Mon Conseil

Si vous ne trouvez pas de canette de Barbarie, choisissez un canard colvert ou encore un canard croisé à la saison du gibier.

Poulette des Landes sauce diable

Temps de préparation : 30 min / Temps de cuisson : 45 min
Temps de marinade : 3 h

————————*Pour 4 personnes*————————
1 poulette des Landes · 1 œuf · 1 jaune d'œuf
1 cuill. à café de moutarde de Dijon · 2 branches de thym
1 dl d'huile d'olive · 100 g de chapelure · 50 g de beurre

Pour la sauce diable
3 échalotes · 1 bouquet d'estragon · 1 bouquet de cerfeuil
1 dl de vinaigre de Xérès · 2 dl de fond de volaille
(ou de veau) · 100 g de beurre · 1 cuill. à soupe de
moutarde de Meaux · sel, poivre

1. Préparez la marinade : mélangez dans un grand plat creux, l'œuf avec le jaune d'œuf, la moutarde de Dijon, la branche de thym émiettée et l'huile d'olive. Salez, poivrez et fouettez pour former une marinade bien émulsionnée.
2. Détaillez la volaille en beaux morceaux, placez-les dans la marinade, couvrez-les de film étirable et laissez-les mariner au réfrigérateur pendant 3 heures. De temps à autre, retournez les morceaux de poulette pour qu'ils soient imprégnés de toutes parts de la marinade.
3. Allumez le four thermostat 7. Beurrez un grand plat allant au four.
4. Versez la chapelure dans une grande assiette creuse, passez chaque morceau de poulette dans la chapelure, enveloppez-les-en parfaitement et mettez-les au fur et à mesure dans le plat. Posez une parcelle de beurre sur chaque morceau de volaille et laissez cuire de 20 à 25 minutes.

5. Pendant ce temps, préparez la sauce diable : pelez et hachez finement les échalotes, ciselez-les finement. Ciselez également le bouquet d'estragon et le bouquet de cerfeuil. Versez le vinaigre de Xérès dans une casserole, faites-y cuire les échalotes et les herbes. Lorsque le vinaigre est évaporé, ajoutez le fond de volaille (ou de veau), laissez réduire de moitié. Quand la sauce est bien réduite, ajoutez-y le beurre coupé en petites parcelles, fouettez le tout pour former une émulsion bien homogène.
6. Passez cette émulsion au travers d'un chinois, versez-la dans une saucière préchauffée, ajoutez la moutarde de Meaux, salez, poivrez, mélangez bien et maintenez-la en chaud.
7. Au moment de servir, sortez le plat du four, disposez les morceaux de poulette sur des assiettes chaudes et présentez la sauce diable en saucière.

Poulette au vin jaune et aux morilles

Temps de préparation : 25 min / Temps de cuisson : 45 min

Pour 4 personnes

1 belle poulette de Bresse ou de Houdan
20 g de farine · 30 g de beurre
2 cuill. à soupe d'huile d'arachide · 2 échalotes
2 verres de vin jaune ou de vin de paille
1 verre de bouillon de volaille (voir recette page 66)
200 g de morilles fraîches ou 60 g de morilles séchées
50 g de crème fraîche épaisse
sel, poivre

1. Nettoyez les morilles. Si elles sont séchées, faites-les tremper dans de l'eau tiède pendant 2 heures à température ambiante.

2. Découpez la poulette en six beaux morceaux, passez-les rapidement dans de la farine placée dans un grand plat creux, retournez-les en tous sens et débarrassez-les bien de l'excédent de farine qui les entoure.

3. Faites chauffer 10 grammes de beurre et l'huile dans une cocotte, mettez-y à dorer les morceaux de poulette sur toutes leurs faces.

4. Pelez et ciselez les échalotes, mettez-les dans la cocotte. Ajoutez le vin jaune, faites réduire et ajoutez du bouillon de volaille à hauteur des morceaux de poulette, faites cuire doucement sur feu moyen.

5. Coupez les queues des morilles fraîches, lavez-les et éliminez tout le sable. Si elles sont séchées, mettez-les dans une passoire mais réservez leur jus de macération.

6. Dans une grande sauteuse, faites chauffer le reste de beurre, ajoutez-y les morilles et faites-les sauter pendant 10 minutes.

7. Au bout de ce temps, lorsque les morceaux de poulette sont bien cuits, prélevez-les avec une écumoire, posez-les sur des assiettes préchauffées et maintenez-les au chaud.

8. Faites réchauffer leur sauce de cuisson avec le jus de macération des morilles, passez-la dans un chinois et ajoutez-y la crème fraîche. Mélangez bien et versez-la sur les morceaux de poulette. Entourez-les des morilles.

Mon Conseil

Si vous disposez de plus de temps, faites un beurre manié constitué de 30 grammes de farine et de 50 grammes de beurre coupé en petites parcelles que vous aurez réduit en une pommade bien homogène et que vous aurez ajouté dans la sauce au moment de servir. Dans ce cas, ne mettez pas de crème fraîche.

Canard aux navets

Temps de préparation : 20 min / Temps de cuisson : 1 h

Pour 4 personnes

1 beau canard de Barbarie coupé en morceaux par
votre volailler · 600 g de petits navets · 100 g de lard
1/2 bouteille de bon vin rouge · 1 oignon · 2 gousses d'ail
20 g de beurre · 1 bouquet garni · sel, poivre

1. Pelez et hachez finement l'ail et l'oignon. Coupez le lard en lardons. Épluchez les navets, laissez-les entiers s'ils sont petits, coupez-les en morceaux s'ils sont trop gros.
2. Faites fondre le beurre dans une grande cocotte, mettez-y à revenir les morceaux de canard et lorsque la viande est bien dorée de toutes parts, jetez la graisse de cuisson et replacez les morceaux de canard dans la cocotte.

3. Ajoutez l'ail et l'oignon, les lardons, les navets, le bouquet garni et mouillez avec le vin rouge. Salez, poivrez et laissez cuire pendant 1 heure, sans couvrir. Remuez de temps à autre.
5. Lorsque le canard est cuit à votre goût, prélevez les morceaux de canard de la cocotte, placez-les dans un grand plat creux et servez-les immédiatement avec les petits navets qui auront légèrement confit.

Fricassée de poulet de Bresse aux écrevisses

Temps de préparation : 30 min / Temps de cuisson : 40 min

Pour 4 personnes

1 beau poulet de Bresse de 2 kg environ coupé en morceaux
24 écrevisses
100 g de petits oignons grelots
100 g de petits champignons de Paris
le jus de 1/2 citron · 2 cuill. à soupe d'huile
1 verre de vin blanc sec
30 g de beurre · 20 cl de crème fraîche
sel, poivre du moulin

1. Châtrez les écrevisses : cela signifie qu'il faut retirer leur boyau noir qui donnerait un goût amer. À défaut d'écrevisses, vous pouvez utiliser des langoustines. Dans ce cas, décortiquez-les.

2. Pelez les oignons et nettoyez-les champignons, coupez-les en morceaux. Arrosez les champignons avec le jus de citron.

3. Dans une cocotte, faites chauffer l'huile, mettez-y à revenir les morceaux de poulet. Lorsqu'ils ont blondi de toutes parts, jetez la matière grasse de cuisson, ajoutez à la place le beurre et faites-le fondre. Ajoutez-y les oignons et les champignons, replacez les morceaux de volaille, mouillez avec le vin blanc, salez, poivrez, couvrez et laissez cuire 30 minutes environ.

4. Au bout de 20 minutes de cuisson, retournez les morceaux de poulet, ajoutez les écrevisses et replacez la cocotte sur feu moyen.

5. Lorsque les morceaux de poulet sont cuits, dressez-les sur un plat de service préchauffé, entourez-les des écrevisses et des champignons, maintenez au chaud.

6. Versez le jus de cuisson de la volaille dans une casserole, portez-la sur feu vif, laissez réduire, puis passez-la dans un chinois.

7. Faites réchauffer la sauce dans une casserole, ajoutez la crème fraîche, nappez-en les morceaux de poulet et versez le reste de cette sauce dans une saucière bien chaude.

8. En accompagnement, présentez du riz ou des pâtes fraîches.

Mon Conseil

À défaut d'écrevisses, vous pouvez utiliser des gambas ou encore des langoustines.

Pintade au chou

Temps de préparation : 30 min / Temps de cuisson : 1 h

Pour 4 personnes

1 belle pintade de 1 kg environ

Pour la farce

2 tranches de pain de mie · 1 verre de lait · 1 œuf

sel, poivre · muscade

1 bouquet d'estragon · 1 bouquet de ciboulette

1 bouquet de persil plat · 2 cuill. à soupe d'huile

1 verre de fond de volaille (voir recette page 79)

2 carottes · 2 gousses d'ail

Pour « l'embeurrée » de chou

1 beau chou de Milan bien pommé · 100 g de beurre

2 oignons · 1 petit verre de vin blanc

1. Préparez la pintade : retirez le foie et le gésier, réservez-les. Salez et poivrez copieusement la pintade.

2. Préparez la farce : faites tiédir le lait et mettez-y à ramollir la mie du pain puis essorez-la entre vos doigts. Mettez-la dans un grand bol, ajoutez un œuf cru entier, de la muscade, de l'estragon, de la ciboulette, du persil ciselé et mélangez bien. Ajoutez alors le foie et le gésier grossièrement hachés, formez une belle farce et garnissez-en la pintade, refermez-la et ficelez-la avec de la ficelle de cuisine.

3. Faites chauffer l'huile dans une cocotte, mettez-y la pintade à rôtir, retournez-la en cours de cuisson, arrosez-la avec le bouillon de volaille, couvrez la cocotte et laissez cuire 30 minutes en retournant la volaille de temps à autre, ajoutez un peu d'eau au fur et à mesure que celle-ci se dessèche.

4. Préparez l'« embeurrée de chou » : pelez et coupez en rondelles les carottes, pelez et hachez les oignons et les gousses d'ail, lavez le chou, éliminez le trognon et émincez-le très finement en lanières après avoir retiré les feuilles vertes de l'extérieur. Plongez les lanières de chou dans de l'eau bouillante salée. Égouttez-les et séchez-les.

5. Mettez les rondelles de carottes, les oignons et les gousses d'ail dans la cocotte où cuit la pintade ; laissez la cuisson se poursuivre.

6. Dans une grande poêle, faites fondre la moitié du beurre, ajoutez-y les lanières de chou et remuez régulièrement pour qu'elles soient toutes bien enduites de beurre, ajoutez le vin blanc, laissez cuire environ 15 minutes, à couvert.

7. Lorsque la pintade est cuite, découpez-la en beaux morceaux et coupez la farce en belles tranches. Passez le jus de cuisson de la pintade dans un chinois et versez-le dans une casserole, faites chauffer, ajoutez le reste de beurre coupé en petites parcelles et émulsionnez bien cette sauce.

8. Étalez le chou dans un plat creux, disposez au-dessus les morceaux de volaille et les tranches de farce, nappez avec la sauce et parsemez le reste des fines herbes ciselées.

Lapin au romarin

Temps de préparation : 20 min / Temps de cuisson : 1 h 15

——————— ***Pour 4 personnes*** ———————
1 beau lapin coupé en morceaux
50 g de beurre · 1 verre de vin blanc sec · 6 échalotes
4 gousses d'ail rose · 4 branches de romarin · sel, poivre

1. Pelez les échalotes et l'ail ; laissez-les entiers. Émiettez les branches de romarin.

2. Faites fondre le beurre dans une grande cocotte, mettez-y les morceaux de lapin et laissez-les dorer sur toutes leurs faces. Lorsqu'ils sont bien dorés de toutes parts, arrosez avec le vin blanc et un verre d'eau. Salez, poivrez, ajou-tez le romarin, les échalotes et l'ail, posez le couvercle et laissez cuire une petite heure sur feu doux en retournant les morceaux de lapin une ou deux fois en cours de cuisson.

3. Au moment de servir, présentez les morceaux de lapin avec leur garniture directement dans leur plat de cuisson.

Les légumes et les accompagnements

On peut très bien vivre d'un mélange de légumes, accompagnés de riz, de pâtes, de lentilles (ou d'autres légumes secs), pour autant que notre régime alimentaire comporte des protéines. Rien n'est plus délicieux que des légumes de saison : la saveur astringente des asperges, le goût un peu âpre des épinards, le croquant des haricots verts ou les nuances mystérieuses des champignons comestibles. J'ai grandi avec un amour immodéré pour la pomme de terre, et j'ai découvert ensuite les pâtes de toutes formes et tailles. Puis le riz est venu apporter une touche exotique à des ragoûts par ailleurs ordinaires — les mets les plus simples peuvent se transformer en festin.

Endives braisées

Temps de préparation : 20 min / Temps de cuisson : 1 h 30

Pour 4 personnes

1,2 kg d'endives · 80 g de beurre · 1 cuill. à café de sel fin

1. Nettoyez bien les endives, éliminez les feuilles abîmées et, avec un couteau pointu, retirez autour du pied sur 1 cm de profondeur la partie conique qui donne de l'amertume à l'endive. Essuyez-les avec du papier absorbant.

2. Dans une cocotte en fonte émaillée, déposez la moitié du beurre coupé en tous petits morceaux. Rangez au-dessus les endives bien essuyées en les serrant les unes contre les autres, posez sur ces endives la moitié du beurre restant, toujours coupé en morceaux, et rangez la deuxième couche d'endive, ainsi de suite, en terminant par une couche de beurre. Salez légèrement. Posez une feuille de papier sulfurisé, appuyez-la en la bordant tout autour pour bien enfermer les endives afin qu'elles cuisent à l'étouffée. Couvrez la cocotte. Laissez cuire sur feu très doux pendant 1 h 30.

3. Lorsque les endives sont cuites et bien fondantes, sortez-les délicatement de la cocotte, rangez-les sur un plat de service en prenant soin de ne pas les briser car elles sont extrêmement fragiles.

Endives caramélisées

Temps de préparation : 20 min / Temps de cuisson : 45 min

Pour 4 personnes

1,2 kg de belles endives bien fermes · 50 g de beurre
40 g de sucre roux · 2 cuill. à soupe de miel liquide
1 petite cuill. à café de fleur de sel · poivre du moulin

1. Nettoyez bien les endives, éliminez les feuilles abîmées et, avec un couteau pointu, retirez autour du pied sur 1 cm de profondeur la partie conique qui donne de l'amertume à l'endive.

2. Portez une grande quantité d'eau salée à ébullition. Plongez-y les endives, faites-les bouillir pendant 5 minutes. Au bout de ce temps, égouttez-les, séchez-les bien dans du papier absorbant et laissez-les tiédir.

3. Faites fondre la moitié du beurre dans une grande sauteuse, faites-y dorer les endives puis ajoutez le sucre, formez un caramel, ajoutez un peu d'eau et laissez-les ainsi colorer, remuez bien avec une spatule en bois pour que le sucre n'adhère pas aux parois de la sauteuse. Ajoutez le miel, le reste de beurre et posez un couvercle. Faites cuire sur feu très doux pendant 25 à 30 minutes, grattez bien les endives qui doivent être caramélisées, salez, poivrez, servez immédiatement.

Petits pois à la française

Temps de préparation : 30 min / Temps de cuisson : 20 min

Pour 4 personnes

1 kg de petits pois extra-fins

50 g de beurre · 1 cœur de laitue

1 botte d'oignons nouveaux ou d'oignons grelots

1 morceau de sucre · 3 carottes nouvelles

1 bouquet de persil plat · 1 bouquet garni

sel, poivre

1. Écossez les petits pois, nettoyez la laitue, effeuillez-la. Pelez les oignons et coupez leur tige verte. Lavez les carottes, pelez-les si nécessaire, coupez-les en rondelles.

2. Faites fondre la moitié du beurre dans une grande casserole, mettez-y les petits pois, ajoutez le bouquet garni, le cœur de laitue effeuillée, les carottes coupées en rondelles et les oignons nouveaux. Remuez, versez un peu d'eau, assaisonnez en sel et en poivre. Ajoutez le morceau de sucre, couvrez et laissez cuire une vingtaine de minutes sur feu doux.

3. Au bout de ce temps, les petits pois doivent être tendres. Goûtez et laissez la cuisson se poursuivre s'ils sont encore un peu durs.

4. Lorsque les petits pois sont cuits, versez-les dans un grand plat creux préchauffé. Ajoutez le reste de beurre par petites parcelles, mélangez bien et servez ces petits pois avec la viande de votre choix.

Mon Conseil

Si vous ne connaissez pas les petits pois à la nantaise,
en voici la recette :
faites cuire les petits pois avec des dés de tomate,
du persil plat et de la salade de mâche.

Asperges de Chinon sauce moutarde

Temps de préparation : 20 min / Temps de cuisson : 20 min

Pour 4 personnes

1,5 kg de belles asperges blanches

Pour la sauce moutarde

200 g de crème fraîche épaisse

2 cuill. à soupe d'huile d'olive

1 cuill. à soupe de moutarde de Dijon ou de Meaux

1 bouquet de cerfeuil

sel, poivre

1. Coupez le bout terreux des asperges et pelez-les soigneusement. Faites-les cuire à la vapeur pendant 20 minutes.

2. Pendant ce temps, préparez la sauce moutarde : battez légèrement la crème fraîche avec l'huile d'olive, ajoutez la moutarde, salez, poivrez et formez une belle sauce bien onctueuse.

3. Lorsque les asperges sont cuites, faites-les égoutter dans une passoire et enveloppez-les de papier absorbant. Pressez-les légèrement pour que celles-ci rendent bien toute leur eau mais prenez soin de ne pas les casser.

4. Laissez-les tiédir à température ambiante dans le papier absorbant (si vous préférez les déguster froides, sortez-les du papier absorbant et placez-les au frais sur un grand plat à asperges jusqu'au moment de les servir).

5. Ciselez le bouquet de cerfeuil, placez la moitié des pluches dans la sauce moutarde, mélangez bien.

6. Au moment de servir, disposez les asperges sur des assiettes alors qu'elles sont encore tièdes et servez-les avec la sauce moutarde, parsemez au-dessus les pluches de cerfeuil restantes.

Mon Conseil

Cette recette toute simple tient à la qualité des asperges ; celles de Chinon sont particulièrement recommandées.

Asperges vertes sauce vierge

Temps de préparation : 20 min / Temps de cuisson : 20 min

Pour 4 personnes

2 belles bottes d'asperges vertes

Pour la sauce vierge
1 dl d'huile d'olive extra-vierge · le jus de 1/2 citron
1 cuill. à café de fleur de sel · poivre du moulin

Pour le décor
quelques tomates séchées à l'ail

1. Pelez les asperges uniquement si c'est nécessaire, coupez leur bout terreux. Faites-les cuire à la vapeur pendant 15 minutes. Si vous n'avez pas de cuit-vapeur, faites-les cuire au-dessus d'une passoire.

2. Préparez la sauce vierge : émulsionnez l'huile d'olive avec le jus de citron. Ajoutez un peu de fleur de sel et de poivre du moulin.

3. Lorsque les asperges sont cuites, mais encore un peu fermes, faites-les égoutter sur du papier absorbant et laissez-les tiédir. Pressez-les éventuellement légèrement pour qu'elles rendent bien toute leur eau.

4. Au moment de servir, placez-les sur un grand plat long et arrosez-les avec la sauce vierge.

5. Décorez avec des tomates séchées à l'ail.

Artichauts à la barigoule

Temps de préparation : 30 min / Temps de cuisson : 1 h

———————— *Pour 4 personnes* ————————

12 artichauts poivrade · 2 carottes · 2 échalotes
3 cuill. à soupe d'huile d'olive · 1 verre de vin blanc
1 bouquet garni · 1 citron · 1 verre de bouillon de volaille
(voir recette page 66) · 8 olives noires dénoyautées
1 anis étoilé · 20 g de beurre · fleur de sel, poivre

1. Lavez les artichauts, retirez leur queue et les feuilles vertes de l'extérieur, coupez-les en deux.
2. Préparez la « barigoule » : pelez les carottes et les échalotes ; hachez-les finement.
3. Faites fondre le beurre dans une grande cocotte, faites-y revenir les carottes et les échalotes 5 minutes. Versez le vin blanc et le bouillon de volaille, ajoutez le bouquet garni, salez, poivrez et laissez réduire 10 minutes.

4. Ajoutez les artichauts, le citron coupé en rondelles, les olives noires et l'anis étoilé dans la cocotte, laissez cuire environ 20 minutes.
5. Au moment de servir, égouttez les artichauts dans une passoire, versez le jus recueilli dans une casserole et faites-le réduire.
6. Lorsque la sauce est bien réduite, passez-la dans un chinois et versez-la sur les artichauts bien chauds. Décorez avec les olives, l'anis et le laurier.

Épinards à la crème double

Temps de préparation : 10 min / Temps de cuisson : 30 min

Pour 4 personnes

1,5 kg d'épinards frais · 30 g de beurre
100 g de crème fraîche double, c'est-à-dire à 40 % de
matières grasses (à défaut, prenez de la crème fraîche épaisse)
1 verre de bouillon de volaille (voir recette page 66)
sel, poivre du moulin
noix de muscade (facultatif)

1. Lavez bien les épinards et retirez leur tige un peu dure, égouttez-les, séchez-les dans du papier absorbant.

2. Dans une grande sauteuse, faites fondre le beurre, ajoutez-y les épinards, remuez bien avec une spatule en bois. Posez le couvercle et laissez les épinards « tomber », c'est-à-dire qu'ils vont mijoter et rendre leur jus. Ils vont diminuer et ne représenteront plus que la moitié de leur volume d'origine. Laissez donc mijoter sur feu très doux, à couvert, pendant 20 minutes.

3. Pendant ce temps, faites tiédir la crème fraîche dans une casserole, ajoutez-y le bouillon de volaille et laissez mijoter doucement pour que la crème réduise d'un tiers.

4. Lorsque les épinards sont parfaitement fondus, hachez-les grossièrement avec un couteau et versez au-dessus la crème réduite. Mélangez bien et laissez encore mijoter sur feu très doux. Goûtez l'assaisonnement, rectifiez en sel et en poivre si nécessaire. Vous pouvez également râper un peu de noix de muscade fraîche selon les goûts.

Mon Conseil

*Cette recette toute simple est celle que je préfère
pour les épinards car ils gardent leur goût spécifique
tout en devenant très moelleux grâce à la présence
de la crème fraîche. Les accompagnements traditionnels
pour les épinards sont les œufs (épinards à la florentine) ou
encore des viandes rouges ou blanches. Les épinards sont
également excellents si vous ne les faites cuire qu'avec du
beurre, du sel, du poivre et de la noix de muscade
fraîchement râpée. N'oubliez pas que les épinards peuvent
également être préparés en salade. Dans ce cas, utilisez des
pousses d'épinards, mélangez-les avec une petite vinaigrette
et recouvrez-les d'amandes juste grillées au beurre.*

Salsifis à la crème fraîche et au persil plat

Temps de préparation : 25 min / Temps de cuisson : 30 min

Pour 4 personnes

1 kg de salsifis

2 dl de bouillon de volaille (voir recette page 66)

100 g de crème fraîche épaisse · le jus de 1/2 citron

2 pincées de noix de muscade · 1 bouquet de persil plat

sel, poivre

1. Pelez les salsifis et placez-les au fur et à mesure dans de l'eau glacée additionnée de jus de citron. Lorsqu'ils sont tous pelés, laissez-les ainsi dans l'eau pendant 20 minutes. Au bout de ce temps, égouttez-les, passez-les sous l'eau fraîche et réservez-les.

2. Faites bouillir une grande quantité d'eau salée dans une marmite, plongez-y les salsifis et faites-les cuire pendant 30 minutes environ.

3. Pendant ce temps, préparez la sauce d'accompagnement : versez le bouillon dans une casserole, portez-le à douce ébullition, ajoutez-y alors la crème fraîche, le sel, le poivre et la noix de muscade. Mélangez bien et laissez réduire la sauce de moitié.

4. Lavez et séchez le persil plat, ciselez-le grossièrement, mettez-en la moitié dans la sauce et mélangez bien le tout.

5. Lorsque les salsifis sont tendres – pour vérifier leur cuisson, piquez-en un avec la pointe d'un couteau, si celle-ci ressort sans difficulté, c'est qu'ils sont cuits –, vous pouvez les égoutter et les sécher légèrement dans du papier absorbant pour qu'ils rendent bien toute leur eau.

6. Disposez le reste du persil ciselé sur une grande assiette plate et roulez-y les salsifis pour bien les envelopper de persil. Nappez-les de la sauce que vous venez de préparer et servez-les bien chauds, dans un grand plat de service creux. Ils seront délicieux avec une volaille, par exemple.

Mon Conseil

Les salsifis font partie des légumes oubliés mais si vous avez la chance de pouvoir en trouver des frais sur votre marché, n'hésitez pas à les préparer car ce sont des légumes qu'il faut absolument connaître. Ils accompagnent merveilleusement toutes les viandes blanches et les volailles.

Haricots verts aux fèves

Temps de préparation : 30 min / Temps de cuisson : 25 min

Pour 4 personnes

500 g de haricots verts de Saumur extra-fins
300 g de fèves fraîches · 50 g de beurre · 1 gousse d'ail
1 bouquet de cerfeuil · sel, poivre
4 tomates séchées

1. Cassez les pointes des haricots verts, effilez-les soigneusement, plongez-les dans de l'eau bouillante salée ou, mieux, faites-les cuire à la vapeur. Écossez les fèves, faites-les également cuire à la vapeur pendant 15 minutes. Lorsque les légumes sont cuits, égouttez-les sur du papier absorbant.

2. Faites fondre la moitié du beurre dans une grande poêle, mettez-y à revenir les haricots et les fèves.

3. Pendant ce temps, pelez la gousse d'ail, hachez-la et ajoutez-la dans la poêle. Mélangez bien et laissez encore cuire pendant 5 minutes. Lorsque les haricots et les fèves sont bien chauds, retirez la poêle du feu, goûtez l'assaisonnement, ajoutez le reste de beurre par petites parcelles, mélangez bien, recouvrez de cerfeuil ciselé. Décorez avec les tomates séchées et servez immédiatement en accompagnement d'une viande grillée.

Fricassée de girolles

Temps de préparation : 15 min / Temps de cuisson : 15 min

───────────────── ***Pour 4 personnes*** ─────────────────

500 g de petites girolles bien fraîches · 30 g de beurre

1 bouquet de persil plat ou de cerfeuil

2 gousses d'ail (facultatif)

sel, poivre du moulin

1. Nettoyez très rapidement les girolles, c'est-à-dire passez-les sous l'eau fraîche, séchez-les et coupez leur bout terreux. Laissez-les entières si elles sont petites, sinon coupez-les en morceaux.
2. Dans une poêle, faites fondre le beurre. Lorsqu'il mousse légèrement, mettez-y les girolles et faites-les revenir sur feu assez vif pour qu'elles dorent sur toutes leurs faces. Salez et poivrez. Si vous utilisez de l'ail, pelez-le, hachez-le et faites-le revenir avec les girolles. Lavez et séchez le persil plat, ciselez-le et parsemez-en la moitié dans la poêle, mélangez bien le tout.
3. Au moment de servir, mettez les girolles dans un grand plat creux, parsemez le reste de persil plat et servez-les nature.

Flageolets au naturel

Temps de préparation : 30 min / Temps de cuisson : 1 h 15

Pour 4 personnes

500 g de petits flageolets (verts ou blancs)
2 carottes · 2 oignons · 2 gousses d'ail
1 petit bouquet garni avec quelques tiges de persil,
de thym et de laurier · sarriette, romarin
1 branche de céleri · 100 g de beurre · 1 clou de girofle
1 bouquet de cerfeuil · sel, poivre du moulin

1. Passez les flageolets sous l'eau du robinet, mettez-les dans une grande casserole, couvrez-les d'eau froide, posez un couvercle et portez à ébullition sur feu assez vif. Retirez alors la casserole du feu et laissez reposer les flageolets, couverts, le temps qu'ils gonflent.

2. Égouttez les flageolets, versez-les dans une passoire, passez-les sous l'eau fraîche, remettez-les dans la casserole, couvrez-les de nouveau d'eau froide, ajoutez le bouquet garni et portez de nouveau à ébullition.

3. Pendant ce temps, pelez les oignons et coupez-les en gros morceaux. Pelez les carottes, émincez-les en rondelles ; pelez les gousses d'ail, laissez-les entières. Placez tous ces légumes dans la casserole, ajoutez le clou de girofle, couvrez et laissez cuire le tout sur feu moyen pendant environ 1 heure.

4. Égouttez les flageolets dans une passoire posée au-dessus d'une casserole, ainsi vous allez récupérer le jus de cuisson des légumes. Retirez le bouquet garni. Faites chauffer la moitié du beurre dans une grande cocotte, mettez-y les petits légumes – oignons, carottes, gousses d'ail, etc. – et faites-les revenir. Ajoutez alors les flageolets, saupoudrez de sarriette, de thym et de romarin. Salez, poivrez, mélangez bien le tout. Laissez mijoter en versant un peu du jus de cuisson des haricots régulièrement, pour que ceux-ci ne dessèchent pas en cours de cuisson.

5. Lorsque ceux-ci sont bien tendres – ils doivent être cuits à point mais ne pas s'écraser –, mettez-les dans un grand plat creux chaud, parsemez le reste de beurre coupé en parcelles, ciselez au-dessus le cerfeuil et servez-les avec la viande de votre choix.

Mon Conseil

*Les flageolets se marient particulièrement bien avec la viande d'agneau, bien entendu, puisque cela en est l'accompagnement le plus traditionnel.
Si vous voulez les présenter avec une volaille ou une viande blanche, ceux-ci feront également parfaitement l'affaire.*

Petits navets nouveaux glacés

Temps de préparation : 20 min / Temps de cuisson : 45 min

Pour 4 personnes

1,5 kg de petits navets nouveaux ou 1 kg de navets longs
50 g de beurre
5 cuill. à café de sucre en poudre
sel, poivre du moulin

1. Portez de l'eau salée à ébullition dans une grande casserole. Pendant ce temps, préparez les navets : pelez-les, taillez-les en grosses noix avec une cuillère à soupe, placez-les dans la casserole et faites-les blanchir pendant 3 minutes environ. Au bout de ce temps, jetez-les dans une passoire et égouttez-les.

2. Faites fondre le beurre dans une grande cocotte, ajoutez-y les navets, faites-les revenir sur feu assez vif pendant 3 minutes en les retournant sur toutes leurs faces. Salez, poivrez-les et saupoudrez-les de sucre. Laissez cuire à découvert pendant 4 minutes en les retournant toujours régulièrement. Baissez le feu, ajoutez un peu d'eau si nécessaire et laissez mijoter pendant 20 minutes sans couvrir en remuant de temps à autre – il faut que les navets soient parfaitement caramélisés sur toutes leurs faces.

3. Lorsqu'ils ont pris une jolie coloration, couvrez la cocotte, baissez le feu au maximum et laissez-les « confire » encore 15 minutes.

4. Lorsque les navets sont parfaitement glacés, c'est-à-dire caramélisés et bien tendres à la fois, versez-les dans un grand plat creux chaud et servez-les avec du porc, du bœuf ou encore du veau.

Mon Conseil

L'accompagnement parfait du navet est, bien entendu, le canard. Je vous conseille cette recette avec du magret de canard ou du canard poivre et sel (voir recette page 142).

Ratatouille niçoise

Temps de préparation : 25 min / Temps de cuisson : 30 min

───── **Pour 4 personnes** ─────

8 petits oignons blancs · 3 gousses d'ail · 1 poivron vert
1 poivron rouge · 2 courgettes · 4 tomates · 2 aubergines
2 branches de thym · 2 feuilles de laurier · 1 brin de romarin
3 feuilles de basilic · 2 feuilles de sauge · 1 dl d'huile d'olive
sel, poivre du moulin

1. Pelez les oignons et l'ail, laissez-les entiers.
2. Plongez les poivrons dans de l'eau bouillante pendant 5 minutes, égouttez-les, coupez-les en deux, épépinez-les. Lavez les courgettes et les aubergines et coupez-les en belles rondelles.
3. Plongez les tomates dans de l'eau bouillante pendant 1 minute, égouttez-les, pelez-les, coupez-les en deux et épépinez-les.
4. Faites cuire ces légumes dans une grande sauteuse avec l'huile d'olive, le thym, le laurier, le romarin, le basilic et la sauge. Salez, poivrez et laissez-les mijoter ainsi, couverts, pendant 20 minutes environ. Au bout de ce temps, retirez le couvercle et laissez-les continuer ainsi de cuire pour qu'ils rendent toute leur eau et que la ratatouille soit parfaitement moelleuse.
5. Versez la ratatouille dans un grand plat creux chaud et servez-la avec la viande votre choix.

Légumes tièdes à la vinaigrette

Temps de préparation : 15 min / Temps de cuisson : 15 min

Pour 4 personnes

4 artichauts poivrades · 8 asperges vertes · 1 poivron rouge
1 petite botte de carottes nouvelles · 8 petites pommes
de terre rattes · 100 g de girolles · 100 g de fèves écossées

Pour la sauce vinaigrette
le jus de 1/2 citron · 4 cuill. à soupe d'huile d'olive
sel, poivre du moulin

1. Lavez tous les légumes et épluchez-les. Coupez les artichauts en deux, pelez les carottes et les pommes de terre et détaillez le poivron en grosses lanières. Retirez le bout terreux des girolles et séchez-les dans du papier absorbant.
2. Faites-les cuire dans un cuit-vapeur pendant 15 minutes.

3. Préparez la vinaigrette : émulsionnez l'huile avec le jus de citron, salez, poivrez.
4. Lorsque les légumes sont cuits mais encore légèrement croquants, mettez-les dans un grand saladier – si certains ne sont pas cuits, poursuivez la cuisson pendant 5 minutes –, recouvrez-les de la vinaigrette et servez immédiatement.

Purée de pommes de terre au beurre

Temps de préparation : 30 min / Temps de cuisson : 40 min

───────── *Pour 4 personnes* ─────────

1 kg de pommes de terre rattes ou BF 15
3 dl de lait entier
250 g de beurre doux très froid
sel de mer ou fleur de sel

1. Lavez les pommes de terre, ne les pelez pas, mettez-les dans un grand faitout, couvrez-les d'eau, salez légèrement et faites-les cuire, à couvert, sur feu moyen pendant 20 minutes.

2. Lorsque les pommes de terre sont tendres (pour le vérifier, enfoncez la pointe d'un couteau dans une pomme de terre, celle-ci doit ressortir aisément), égouttez-les dans une grande passoire.

3. Versez le lait dans une casserole, faites-le chauffer sur feu vif et retirez la casserole du feu.

4. Dès que les pommes de terre sont tièdes, pelez-les, passez-les au moulin à légumes muni d'une grille fine et mettez-les dans une casserole à fond épais. Posez-la sur feu très doux et desséchez les pommes de terre en les remuant avec une spatule en bois.

5. Commencez ensuite à incorporer les trois quarts du beurre par petites parcelles en remuant vigoureusement pour bien amalgamer chaque parcelle de beurre et rendre la purée lisse. Ajoutez ensuite très lentement les trois quarts du lait bouillant en mince filet toujours en mélangeant très vigoureusement avec la spatule en bois.

6. Passez cette purée dans un tamis très fin et placez-la dans une autre casserole à fond épais, remuez-la bien et énergiquement. Si elle vous paraît un peu sèche, incorporez le reste de lait en mélangeant bien le tout. Salez, poivrez et goûtez l'assaisonnement. Remuez de temps à autre, ajoutez le reste de beurre et faites bien réchauffer la purée sur feu très doux pour qu'elle reste parfaitement lisse.

───────── *Mon Conseil* ─────────

Certaines personnes préfèrent cette purée légèrement plus fluide. Pour cela, ajoutez un peu de crème fraîche fleurette juste au moment de servir. Remuez bien car la purée doit toujours être bien homogène.

Gratin dauphinois

Temps de préparation : 15 min / Temps de cuisson : 1 h

Pour 4 personnes

1 kg de pommes de terre à chair ferme, rattes par exemple
2 gousses d'ail · 100 g de beurre
6 dl de lait · 50 cl de crème fraîche liquide
100 g de comté (facultatif) · noix de muscade
sel, poivre du moulin

1. Épluchez les pommes de terre, coupez-les en rondelles de taille moyenne. Pelez l'ail, coupez les gousses en deux.

2. Préchauffez le four, thermostat 5. Frottez l'ail sur le fond et les parois d'un grand plat à gratin pouvant aller au four. Faites-y fondre le beurre coupé en parcelles et rangez-y les pommes de terre en lits réguliers. Salez, poivrez, râpez un peu de noix de muscade.

3. Faites bouillir le lait avec la crème fraîche, salez et poivrez. Versez cette préparation sur les pommes de terre juste à leur hauteur – prenez soin de ne pas mettre trop de liquide. Glissez le plat dans le four et laissez cuire pendant environ 45 minutes.

4. Au bout de ce temps, sortez le plat du four, piquez une pomme de terre avec la pointe d'un couteau – il faut que celle-ci en ressorte sans difficulté.

5. Lorsque les pommes de terre sont tendres et cuites à point, râpez le comté et enfournez le plat pour 15 minutes supplémentaires.

6. Au bout de ce temps, sortez le gratin du four, coupez-le en belles parts individuelles et servez-les immédiatement en accompagnement de viande rouge, de viande blanche ou encore de volaille.

Mon Conseil

Ce gratin dauphinois est une version arrangée par mes soins car normalement il se prépare sans fromage ; mais, moi, je préfère cette croûte bien dorée au-dessus des pommes de terre.

Pâté aux pommes de terre

Temps de préparation : 1 h / Temps de cuisson : 1 h 20

Pour 4 personnes

Pour la pâte

200 g de farine tamisée · 150 g de beurre

1 pincée de sel

Pour le pâté de pommes de terre

500 g de pommes de terre à chair ferme (rattes)

1/2 l de lait · 2 oignons · 20 g de farine · 30 g de beurre

150 g de crème fraîche liquide · 1 petit bouquet de persil plat

1 petit bouquet de basilic · 150 g de poitrine fumée

1 jaune d'œuf + 2 cuill. à soupe de lait

sel, poivre du moulin

1. Préparez la pâte : mettez la farine dans une grande terrine avec le beurre coupé en petites parcelles et le sel. Mélangez du bout des doigts, ajoutez un peu d'eau pour obtenir une pâte bien homogène qui puisse former une boule, laissez-la reposer dans du film étirable à température ambiante pendant 1 heure.

2. Allumez le four, thermostat 7. Beurrez un grand moule à bords hauts. Divisez la pâte en deux parts inégales (un tiers, deux tiers) et formez deux abaisses de 2 millimètres d'épaisseur. Placez la grande abaisse dans le moule en laissant dépasser les bords.

3. Épluchez les pommes de terre et coupez-les en rondelles assez fines. Faites bouillir le lait, plongez-y les pommes de terre, laissez-les cuire pendant 20 minutes environ. Pelez et émincez les oignons, coupez la poitrine fumée en petits lardons. Faites chauffer 20 grammes de beurre dans une poêle et mettez-y à revenir les oignons et les lardons, réservez-les. Ciselez les fines herbes.

4. Lorsque les pommes de terre sont cuites, égouttez-les dans une passoire et mélangez-les au contenu de la poêle. Salez et poivrez légèrement car le lard est déjà salé. Étalez la moitié du mélange aux pommes de terre sur la pâte et répartissez la moitié des herbes sur les pommes de terre. Versez l'autre moitié de pommes de terre, rabattez bien les bords vers l'intérieur puis posez la seconde abaisse. Appuyez délicatement sur les bords pour les souder. À l'aide d'un pinceau, dorez la surface avec le jaune d'œuf battu dans deux cuillerées à soupe de lait, formez un trou au centre et introduisez un petit morceau de carton pour former une cheminée. Faites cuire le pâté 15 minutes à thermostat 8, puis 45 minutes en baissant le thermostat à 7.

5. Au moment de servir, battez légèrement la crème fraîche avec le reste des fines herbes, sortez le pâté du four et versez cette crème fraîche dans la cheminée. Remuez le plat en tous sens pour bien répartir la crème.

Risotto aux langoustines

Temps de préparation : 30 min / Temps de cuisson : 1 h 10

Pour 4 personnes

1 kg de langoustines

200 g de riz basmati · 3 échalotes

1 dl de bouillon de volaille (voir recette page 66)

1 dl de crème fraîche liquide · 30 g de beurre

30 g de parmesan fraîchement râpé

2 dl de court-bouillon

sel, poivre

1 filet d'huile d'olive (facultatif)

1. Faites chauffer le court-bouillon dans une grande marmite et plongez-y les langoustines. Faites-les cuire pendant 20 minutes à découvert. Lorsqu'elles sont cuites, prélevez-les avec une écumoire et mettez-les dans une passoire. Décortiquez-les et gardez le jus qu'elles rendent, mettez-le dans une grande casserole et laissez les langoustines en réserve.

2. Versez dans la casserole le bouillon de volaille, la crème fraîche, le beurre et faites chauffer sur feu moyen.

3. Pelez et hachez les échalotes. Dans une sauteuse munie d'un couvercle, faites chauffer une cuillerée à soupe d'huile d'olive, faites-y revenir les échalotes, versez le riz en pluie, remuez bien jusqu'à ce que celui-ci devienne transparent. Ajoutez alors le liquide que vous venez de préparer, salez, poivrez et laissez cuire à très petit feu, à couvert, pendant une trentaine de minutes.

4. Lorsque le riz est bien moelleux, retirez le couvercle, ajoutez le parmesan, mélangez bien et laissez encore chauffer pendant 10 minutes sur feu très doux.

5. Au moment de servir, versez le riz dans un grand plat creux préchauffé, répartissez les langoustines et servez immédiatement avec, éventuellement, quelques tomates séchées, quelques copeaux de parmesan, du basilic et donnez à la fin quelques tours de poivre du moulin. Vous pouvez arroser d'un filet d'huile d'olive.

Mon Conseil

À la place des langoustines, vous pouvez préparer ce riz avec des seiches ou encore des pinces de crabe décortiquées.

Risotto au parmesan

Temps de préparation : 20 min / Temps de cuisson : 55 min

Pour 4 personnes

200 g de riz arborio
5 dl de bouillon de volaille (voir recette page 66)
100 g de chipolatas · 200 g de champignons de Paris
le jus de 1/2 citron · 1 botte d'oignons nouveaux
1 gousse d'ail · 100 g de beurre
100 g de parmesan
sel, poivre du moulin

1. Pelez les oignons, émincez-les en fines rondelles ; pelez et hachez l'ail ; coupez les chipolatas en petits morceaux. Pelez et émincez les champignons de Paris, humectez-les immédiatement de jus de citron.

2. Faites chauffer le bouillon dans une grande casserole.

3. Faites fondre 40 grammes de beurre dans une sauteuse et mettez-y à revenir les oignons et l'ail. Lorsqu'ils sont légèrement transparents, ajoutez les champignons et la chair des chipolatas, laissez colorer, remuez bien, salez, poivrez, ajoutez-y le riz. Lorsque celui-ci est presque transparent, couvrez le riz du bouillon chaud à sa hauteur, posez le couvercle sur la sauteuse et laissez cuire sur feu très doux en remuant de temps à autre pendant 30 minutes environ. Ajoutez au besoin du bouillon en cours de cuisson pour que le riz reste toujours bien moelleux et qu'il ne dessèche pas. Pour cela, il faut qu'il soit toujours couvert.

4. Quand le riz est cuit mais demeure un peu ferme, ajoutez le reste de beurre, goûtez et rectifiez éventuellement l'assaisonnement en sel et en poivre. Râpez finement le parmesan, ajoutez-le dans le riz, remuez bien, laissez encore 3 minutes, à couvert, sur feu très doux, le temps que le parmesan fonde.

5. Au moment de servir, versez le riz dans un grand plat creux chaud et portez à table.

Mon Conseil

Ce risotto au parmesan peut être simplifié en le préparant juste avec des oignons et du parmesan. Dans ce cas, il devient un accompagnement de viande. Dans cette recette, il constitue un vrai plat complet.

Risotto aux pointes d'asperges vertes

Temps de préparation : 35 min / Temps de cuisson : 1 h

Pour 4 personnes

200 g de riz arborio · 2 bottes d'asperges vertes
5 dl de bouillon de volaille (voir recette page 66)
50 g de beurre · 50 g de parmesan fraîchement râpé
50 g de mozzarella · 1 oignon
1/2 bouquet de cerfeuil · 1 dl d'huile d'olive
1 verre de vin blanc chardonnay
sel, poivre du moulin

1. Pelez les asperges, si nécessaire, et coupez-les en tronçons mais gardez les pointes entières.
2. Pelez l'oignon, hachez-le très finement. Faites chauffer le bouillon de volaille dans une grande casserole.
3. Pendant ce temps, dans une sauteuse, faites chauffer l'huile d'olive, mettez-y à revenir l'oignon et les tronçons de queues d'asperges. Ajoutez le riz et mélangez bien le tout.
4. Lorsque le riz commence à devenir translucide, ajoutez le verre de vin blanc et laissez-le s'évaporer complètement pour que la préparation commence à devenir légèrement moelleuse. Versez le bouillon chaud, couvrez la sauteuse et

laissez cuire pendant 30 minutes sur feu très doux. Ajoutez un peu de bouillon pour que le riz reste toujours un peu liquide.
5. Au bout de 20 minutes de cuisson, ajoutez les pointes d'asperges.
6. Au moment de servir, goûtez, vérifiez l'assaisonnement en sel et en poivre, ajoutez le beurre froid coupé en petites parcelles, le parmesan fraîchement râpé et la mozzarella coupée en petits morceaux. Mélangez bien, couvrez et laissez reposer pendant 10 minutes.
7. Versez le riz dans un grand plat creux préchauffé, parsemez de cerfeuil finement ciselé et servez immédiatement.

Mon Conseil

Vous pouvez évidemment agrémenter ce risotto de fines lamelles de truffes ou encore de morilles cuites dans de la crème fraîche pour en faire un plat de fête.

Spaghettis aux palourdes

Temps de préparation : 15 min / Temps de cuisson : 30 min

Pour 4 personnes

500 g de spaghettis

2 l de palourdes · 1 verre de vin blanc

4 tomates · 1 gousse d'ail

1/2 cuill. à café d'origan · 1 cuill. à soupe de persil plat

1 petit piment · 5 cuill. à soupe d'huile d'olive

4 tomates cerises

sel, poivre

1. Nettoyez les palourdes, brossez-les bien et mettez-les dans une marmite. Versez le vin blanc et portez sur feu assez vif. Lorsqu'elles sont ouvertes, éteignez le feu et laissez-les tiédir.

2. Plongez les tomates dans de l'eau bouillante pendant 1 minute, pelez-les, coupez-les en deux, épépinez-les et détaillez-les en gros morceaux.

3. Faites chauffer l'huile dans une grande cocotte, ajoutez-y la gousse d'ail pelée et les morceaux de tomates. Faites revenir doucement pendant 5 minutes.

4. Hachez finement le piment, ajoutez-le dans la cocotte, salez, poivrez et laissez mijoter pendant 10 minutes. Ajoutez alors l'origan, le persil et mélangez bien le tout.

5. Filtrez l'eau de cuisson des palourdes en la passant dans un chinois. Versez l'eau de cuisson recueillie dans la cocotte où cuit la sauce tomate. Décoquillez les palourdes en en gardant quelques-unes entières pour la décoration.

6. Faites bouillir une grande quantité d'eau salée, plongez-y les spaghettis et laissez-les cuire de 7 à 9 minutes selon leur épaisseur. Lorsque les pâtes sont cuites *al dente*, égouttez-les et versez-les dans un grand plat de service chaud. Versez les palourdes sur les spaghettis, mélangez bien le tout, posez au-dessus les quelques palourdes entières réservées, ajoutez quelques tomates cerises et servez bien chaud avec la sauce tomate que vous avez préparée.

Mon Conseil

Au dernier moment, vous pouvez verser un filet d'huile d'olive extra-vierge. Accompagnez ces spaghettis d'un peu de parmesan fraîchement râpé.

Tagliatelles à la crème et à la truffe blanche

Temps de préparation : 1 h / Temps de cuisson : 10 min

Pour 4 personnes

Pour la pâte à tagliatelles

350 g de farine tamisée · 3 œufs · 1/2 cuill. à café de sel

1 cuill. à café d'huile d'olive

Pour la crème de truffe

2 gousses d'ail · 30 g de beurre

100 g de crème fraîche épaisse

1 cuill. à café de crème de truffe

ou 1 truffe blanche

sel, poivre

1. Préparez la pâte à tagliatelles : sur un grand plan de travail, mélangez la farine avec le sel et formez un puits au centre. Cassez-y les œufs, ramenez la farine des bords vers l'intérieur pour obtenir une pâte assez grossière, ajoutez l'huile d'olive, pétrissez-la pendant 15 minutes jusqu'à ce qu'elle devienne souple et brillante, enveloppez-la dans du film étirable et laissez-la reposer 1 heure.

2. Au bout de ce temps, divisez la pâte en six gros morceaux, aplatissez-les au fur et à mesure avec un rouleau à pâtisserie et passez-les entre les rouleaux du laminoir pour former des tagliatelles – la pâte que vous venez de réaliser est prête à l'emploi –, farinez-les très légèrement et laissez-les reposer le temps de préparer la sauce à la truffe blanche.

3. Préparez la crème de truffe : faites chauffer le beurre dans une grande poêle, mettez-y à revenir les gousses d'ail pelées et écrasées au mortier, versez la crème fraîche, mélangez et faites mijoter sur feu très doux. Ajoutez alors la crème de truffe blanche à raison d'une cuillerée à café environ (si vous n'avez pas de crème de truffe, utilisez une truffe fraîche que vous aurez bien grattée et finement râpée en copeaux).

4. Faites bouillir une grande quantité d'eau salée, plongez-y les tagliatelles que vous venez de préparer, laissez cuire 1 minute, pas plus, car les pâtes doivent rester *al dente*. Égouttez-les dans une passoire et versez-les dans la poêle, mélangez. Versez le tout dans un grand plat creux. Salez, poivrez et servez bien chaud.

Mon Conseil

La crème de truffe se trouve chez les traiteurs italiens. Elle est chère à l'achat mais un tube de crème de truffe peut durer un an car on en utilise très peu.

Tagliatelles aux pétoncles

Temps de préparation : 25 min / Temps de cuisson : 12 min

Pour 4 personnes

1 kg de pétoncles
500 g de tagliatelles fraîches (voir recette page 176)
2 courgettes
2 belles tomates · 50 g de beurre
1 petite dose de safran
1 cuill. à soupe d'huile d'olive
sel, poivre

1. Faites ouvrir les pétoncles à la vapeur dans un cuit-vapeur pendant 5 minutes. Décoquillez-les mais gardez-en quelques-uns entiers pour la décoration, conservez également le jus de cuisson qu'ils auront rendu.

2. Lavez les courgettes, pelez-les et coupez-les en fines rondelles. Plongez les tomates dans de l'eau bouillante, égouttez-les, coupez-les en deux, épépinez-les et détaillez-les en petits dés.

3. Préparez le beurre safrané : écrasez le beurre, mélangez le safran et, avec un mortier si possible, écrasez bien cette purée pour réaliser un beau beurre safrané. Roulez-le « en boudin » dans du papier en aluminium et placez-le au frais jusqu'au moment de l'utiliser.

4. Faites cuire les rondelles de courgettes dans le cuit-vapeur pendant 5 minutes (à moins que vous ne préfériez les faire dorer dans de l'huile d'olive).

5. Faites cuire les tagliatelles pendant 1 minute dans de l'eau bouillante salée dans laquelle vous aurez ajouté l'huile d'olive.

6. Lorsque les tagliatelles sont cuites *al dente*, versez-les dans une passoire et placez-les dans un grand plat creux chaud. Versez au-dessus le jus de cuisson rendu par les pétoncles, étalez les rondelles de courgettes, les dés de tomates, les noix de pétoncles et quelques rondelles de beurre safrané. Mélangez bien le tout, posez les pétoncles entiers et servez immédiatement.

Mon Conseil

À la place des pétoncles, vous pouvez utiliser des coquilles Saint-Jacques ou tout autre fruit de mer, en fonction des saisons.

Pennes à la tomate et au basilic

Temps de préparation : 15 min / Temps de cuisson : 15 min

Pour 4 personnes

400 g de pennes
500 g de belles tomates mûres mais fermes
1 bouquet de basilic
4 cuill. à soupe d'huile d'olive extra-vierge
4 cuill. à soupe de parmesan râpé
sel, poivre

1. Portez une grande quantité d'eau salée à ébullition. Plongez-y les tomates 1 minute.

2. Au bout de ce temps, égouttez-les, séchez-les, pelez-les, coupez-les en deux, épépinez-les et détaillez-les en petits dés.

3. Lavez les feuilles de basilic, essuyez-les dans du papier absorbant, ciselez-les finement.

4. Faites chauffer trois cuillerées à soupe d'huile d'olive dans une casserole, ajoutez-y les dés de tomates, couvrez et laissez mijoter pendant 5 minutes. Ajoutez alors la moitié du basilic, salez, poivrez et laissez encore cuire 5 minutes.

5. Faites bouillir de l'eau salée, ajoutez-y le reste de l'huile d'olive, plongez-y les pâtes, faites-les cuire *al dente* (8 minutes environ), puis égouttez-les et mettez-les dans un grand plat de service chaud, posez au-dessus la purée de tomates et de basilic, mélangez longuement le tout.

6. Au moment de servir, parsemez le reste de basilic. Vous pouvez mélanger le parmesan dans les pâtes ou encore le présenter à part dans une coupelle.

Mon Conseil

J'aime ces pennes « nature », mais si vous voulez y ajouter une gousse d'ail, pelez-la et écrasez-la au mortier, mélangez-la dans les pâtes.

Raviolis à la daube et au beurre de sauge

Temps de préparation : 10 min / Temps de cuisson : 20 min

Pour 4 personnes

400 g de raviolis niçois à la daube (achetés chez un
traiteur) · 100 g de beurre · 10 feuilles de sauge
1 verre de bouillon de volaille (voir recette page 66)
50 g de parmesan frais
sel, poivre

1. Dans une casserole, versez le bouillon de volaille, ajoutez de l'eau et portez la casserole sur feu vif. Lorsque l'eau bout, plongez-y les raviolis et laissez-les cuire pendant 10 minutes environ, le temps qu'ils remontent à la surface.
2. Pendant ce temps, préparez le beurre de sauge : faites fondre le beurre dans une petite casserole, ajoutez-y la sauge et lorsqu'il a une odeur de noisette et que la sauce devient légèrement croquante, retirez la casserole du feu.
3. Quand les raviolis sont cuits, égouttez-les dans une passoire, mettez-les immédiatement dans un grand plat creux chaud et arrosez-les avec le beurre de sauge que vous venez de préparer. Poudrez de parmesan fraîchement râpé, salez, poivrez et servez aussitôt.

Les desserts

Je ne suis pas un grand amateur de desserts, mais j'adore les glaces et les fruits de saison, et j'avoue que j'ai une faiblesse pour les tartes. Juteux, mûris à point, les fruits, quand on ne les mange pas frais, font des conserves et des confitures succulentes. Les tartes ou les crumbles aux abricots ou à la rhubarbe sont un vrai délice. Quant aux fraises et aux poires, elles se dégustent aussi bien caramélisées que cuites au vin et aux épices. Bien que je ne sois pas très porté sur les douceurs, j'apprécie toujours un bon dessert.

Sablés aux fruits rouges

Temps de préparation : 1 h / Temps de cuisson : 30 min

Pour 4 personnes

80 g de lait

1 barquette de fraises mara des bois

1 barquette de fraises des bois · 1 barquette de framboises

1 barquette de myrtilles (facultatif)

Pour la pâte sablée

150 g de farine · 75 g de beurre ramolli · 1 jaune d'œuf

1/2 paquet de levure chimique

1 cuill. à soupe de sucre semoule · 1 pincée de sel

Pour la crème pâtissière

4 dl de lait · 5 jaunes d'œufs · 80 g de sucre semoule

30 g de Maïzena · 30 g de beurre

2 gousses de vanille

Pour la crème mousseline

2 cuill. à soupe de kirsch · 20 g de beurre bien frais

1. Préparez la pâte sablée : mélangez la farine avec la levure, versez en fontaine cette farine sur une planche à pâtisserie, formez un puits au centre et mettez-y le sucre, le sel, le beurre bien ramolli et coupé en petites parcelles ainsi que le jaune d'œuf. Malaxez le tout et formez une pâte légèrement sableuse, ajoutez alors de l'eau jusqu'à ce que vous obteniez une pâte qui ne colle plus aux doigts. Formez une boule, recouvrez-la de film étirable et laissez-la reposer (1 heure au minimum, plus longtemps si possible).

2. Préparez la crème pâtissière : versez le lait dans une casserole, fendez les gousses de vanille en deux, mettez-les dans le lait, faites-le chauffer avec la moitié du sucre, la Maïzena et remuez bien le tout. Dans un saladier, fouettez les jaunes d'œufs avec le reste de sucre jusqu'à ce que le mélange blanchisse, versez un peu de lait chaud, mélangez et versez cette préparation dans le lait : fouettez longuement le tout et replacez la casserole sur feu moyen. Lorsque la préparation a la consistance désirée, retirez la casserole du feu, laissez tiédir, retirez les gousses de vanille, grattez les grains qui se trouvent à l'intérieur, incorporez le beurre par noisettes, formez une crème onctueuse, laissez refroidir sur de la glace pilée.

3. Allumez le four, thermostat 9 ; beurrez 4 grands moules à tartelettes à bords hauts. Sortez la pâte du papier étirable, étendez-la avec un rouleau et farinez-la très légèrement – veillez à ne pas la casser car elle est fragile, découpez-la en disques de 1 x 12 cm de diamètre, étalez-les dans les moules beurrés, faites-les cuire dans le four pendant 5 minutes, laissez-les alors refroidir.

4. Préparez une mousseline en battant avec un fouet la crème pâtissière, le beurre et le kirsch. Lorsque cette préparation forme une émulsion bien homogène, étalez-la en une couche régulière sur les sablés bien refroidis, disposez les fruits rouges et servez immédiatement.

Clafoutis à la framboise et aux pistaches

Temps de préparation : 45 min / Temps de cuisson : 20 min

Pour 4 personnes

500 g de belles framboises bien fraîches
50 g de pistaches décortiquées · 30 g de beurre

Pour l'appareil à clafoutis
200 g de crème fraîche liquide
25 g de farine · 75 g de sucre semoule · 2 œufs

Pour la pâte sablée
150 g de farine · 75 g de beurre ramolli · 1 jaune d'œuf
1/2 paquet de levure chimique
1 cuill. à soupe de semoule · 1 pincée de sel

1. Préparez la pâte sablée : mélangez la farine avec la levure, versez-la en fontaine sur une planche, formez un puits au centre, mettez-y le sucre, le beurre coupé en petites parcelles, le sel et le jaune d'œuf, malaxez le tout et formez une pâte légèrement sableuse. Ajoutez alors de l'eau jusqu'à ce que vous obteniez une pâte qui ne colle plus aux doigts, formez une boule et laissez-la reposer pendant 1 heure.

2. Préparez « l'appareil » à clafoutis : dans un grand saladier, mélangez la crème fraîche liquide avec la farine, le sucre et les 2 œufs, mélangez bien le tout.

3. Allumez le four, thermostat 9 (210 °C) ; beurrez un grand moule à manqué.

4. Abaissez finement la pâte à l'aide d'un rouleau à pâtisserie sur une surface farinée. Étalez-la délicatement dans le moule beurré, placez-le dans le four pour 10 minutes environ. Laissez-le tiédir, puis garnissez-en le fond avec les framboises, versez au-dessus l'appareil à clafoutis et replacez le moule dans le four pendant 10 minutes supplémentaires.

5. Sortez le moule du four, laissez le clafoutis tiédir ou refroidir, parsemez les pistaches grossièrement concassées et portez à table.

Mon Conseil

Cette recette peut être préparée avec de nombreuses autres garnitures : cerises bien sûr, abricots, mirabelles, pruneaux… Bref, tous les fruits qui « rendent » du jus.

Crumble aux abricots et aux amandes

Temps de préparation : 35 min / Temps de cuisson : 35 min

Pour 4 personnes

Pour la pâte à crumble

100 g de farine tamisée · 100 g de beurre extra-frais

100 g de sucre en poudre · 1 sachet de sucre vanillé

Pour la garniture

1 kg de beaux abricots du Roussillon

1 sachet de sucre vanillé · 50 g de beurre

100 g d'amandes effilées

1. Dans une grande terrine, mélangez la farine avec le sucre en poudre et le sucre vanillé, ajoutez-y le beurre coupé en petites parcelles et, avec les doigts, formez une pâte légèrement sablée qui ressemblerait à de la chapelure.

2. Lavez les abricots, ouvrez-les en deux, retirez leur noyau et mettez-les au fur et à mesure dans une casserole. Ajoutez-y le sucre vanillé et faites-les revenir jusqu'à ce qu'ils deviennent légèrement caramélisés.

3. Allumez le four, thermostat 8. Beurrez un grand moule à manqué.

4. Posez-y les abricots face coupée vers le fond du moule, recouvrez-les de la pâte à crumble et laissez cuire une trentaine de minutes.

5. Lorsque le crumble est cuit, sortez-le du four, laissez-le tiédir ou refroidir.

6. Faites fondre le beurre dans une grande poêle, mettez-y à griller les amandes effilées, séchez-les légèrement sur du papier absorbant, recouvrez-en le crumble et servez aussitôt.

Mon Conseil

Ce crumble se déguste aussi bien chaud, tiède que froid. Vous pouvez le démouler ou encore le maintenir dans son plat de service pour le présenter directement sur la table.

Meringues aux fruits rouges

Temps de préparation : 30 min / Temps de cuisson : 20 min

Pour 4 personnes

Pour les meringues

125 g de blancs d'œufs · 250 g de sucre semoule · 2 gouttes de vanille

Pour la garniture

1/2 l de sorbet à la framboise ou à la fraise · 1 dl de crème fleurette
1 cuill. à soupe bombée de sucre glace · 1 barquette de framboises
1 barquette de fraises des bois ou de mara des bois

1. Préparez les meringues : montez les blancs d'œufs en neige bien ferme, ajoutez une cuillerée à soupe de sucre, les gouttes de vanille, continuez de fouetter en ajoutant le reste du sucre.

2. Allumez le four à 120 °C. Avec une poche à douille, déposez des noix de meringue de 8 cm de diamètre sur une grande plaque à pâtisserie beurrée et farinée, aplatissez-les légèrement et laissez-les cuire 2 heures porte entrouverte. Laissez refroidir.

4. Fouettez la crème fleurette en crème légère battue et ajoutez-y le sucre glace. Disposez une meringue, recouvrez-la de sorbet, posez-y une autre meringue, étalez une couche de crème battue, puis posez les fruits rouges de votre choix.

Millefeuille à la vanille

Temps de préparation : 30 min / Temps de cuisson : 20 min

Pour 4 personnes

Pour la crème pâtissière
voir recette page 182

Pour la pâte feuilletée
6 disques de pâte feuilletée

Pour la décoration
3 cuill. à soupe de sucre glace

1. Préparez la crème pâtissière à la vanille comme il est indiqué page 182.

2. Préparez le feuilletage : faites chauffer les six disques de feuilletage pendant 20 minutes environ. Lorsque les bords sont cuits, retirez-les du four et laissez-les refroidir sur une plaque à pâtisserie.

3. Montez le millefeuille : étalez une couche de crème pâtissière sur un des disques de pâte feuilletée à l'aide d'une spatule, posez un deuxième disque, étalez une deuxième couche de crème et continuez ainsi jusqu'au dernier disque, saupoudrez de sucre glace et laissez ainsi en attente jusqu'au moment de servir.

Fondant caramélisé aux trois pommes

Temps de préparation : 30 min / Temps de cuisson : 1 h 15

Pour 4 personnes

1 kg de pommes type Boskoop · 1 kg de pommes type reinette
1 kg de pommes type Pink Lady
100 g de beurre · 100 g de sucre en poudre
4 gros œufs

Pour le caramel

200 g de sucre en poudre · 1 dl d'eau

1. Préparez le caramel : versez le sucre et l'eau dans une grande casserole et laissez cuire sur feu doux jusqu'à ce que le caramel soit légèrement ambré, laissez-le tiédir.

2. Dans un grand moule à manqué, versez le caramel que vous avez préparé et répartissez-le sur le fond et sur les bords, laissez-le légèrement durcir.

3. Pelez toutes les pommes, coupez-les en quatre, épépinez-les et coupez-les en fines lamelles. Mettez-les dans une grande casserole avec deux cuillerées à soupe d'eau et laissez-les cuire environ 5 minutes. Lorsque les pommes forment une petite compote, ajoutez le sucre et laissez-les cuire encore pendant 15 minutes, ajoutez un peu d'eau si cela est nécessaire. Laissez tiédir.

4. Ajoutez le beurre coupé en petites parcelles, mélangez bien, puis cassez les œufs un à un. Mélangez encore et lorsque la préparation est bien homogène, versez-la dans le moule caramélisé que vous avez préparé.

5. Préchauffez le four, thermostat 5. Préparez un bain-marie : faites chauffer de l'eau dans un grand moule, posez dedans le moule caramélisé contenant les pommes et laissez cuire environ 1 heure.

6. Lorsque le fondant est cuit à point, c'est-à-dire lorsque la croûte est légèrement dorée en surface, sortez le gâteau du four, laissez-le refroidir, mettez-le au frais et servez-le tiède, ou complètement refroidi, à votre convenance.

Mon Conseil

J'aime servir ce fondant aux pommes nature mais parfois je le recouvre d'une légère couche de meringue (voir recette page 186). Je le passe alors sous le gril du four pour que celle-ci dore légèrement.

Tarte à la rhubarbe

Temps de préparation : 1 h / Temps de cuisson : 55 min

Pour 4 personnes

1 kg de tiges de rhubarbe · 250 g de cassonade
(sucre brun) · 1 dl de crème fraîche liquide · 3 œufs entiers
25 g de beurre · 50 g de noisettes fraîches

Pour la pâte brisée

200 g de farine · 100 g de beurre · 3 cuill. à soupe d'eau
1 pincée de sel · 1 cuill. à soupe de sucre en poudre

1. Préparez la pâte brisée : coupez le beurre en petites parcelles et mélangez-le dans la farine pour former une pâte légèrement sableuse. Ajoutez alors un peu d'eau et rassemblez la pâte vers l'intérieur pour former une pâte souple mais non collante, pétrissez-la légèrement et mettez-la en boule. Entourez-la de film étirable et laissez-la reposer pendant 3 heures si possible.

2. Épluchez les tiges de rhubarbe, coupez-les en beaux tronçons, retirez, bien entendu, les extrémités et faites-les blanchir dans de l'eau sucrée pendant 10 minutes.

3. Allumez le four, thermostat 6. Beurrez un grand plat à tarte allant au four.

4. Étendez la pâte à l'aide d'un rouleau à pâtisserie sur une surface farinée, étalez-la sur le plat à tarte et placez-y les tronçons de rhubarbe en les serrant bien les uns contre les autres.

5. Préparez la crème : fouettez les œufs avec la cassonade, ajoutez la crème fraîche, mélangez bien et recouvrez la rhubarbe de cette préparation, glissez le plat dans le four et laissez cuire 45 minutes environ.

6. Lorsque la tarte à la rhubarbe est cuite, au bout de 40 minutes environ, sortez le plat du four, concassez grossièrement les noisettes et parsemez-les à la surface de la tarte. Replacez-la dans le four pour 5 minutes environ.

7. Sortez la tarte du four et laissez-la tiédir ou refroidir.

Mon Conseil

*La cassonade est un sucre non raffiné, très brun.
Elle est très utilisée dans le Nord de la France ;
Elle donne à cette recette et surtout
à la rhubarbe une saveur toute particulière.*

Tarte aux poires et aux amandes

Temps de préparation : 25 min / Temps de cuisson : 30 min

Pour 4 personnes

350 g de pâte brisée ou sablée (voir recette page 189 ou 184)

20 g de beurre · 4 poires · 50 g de sucre

1 sachet de sucre vanillé

Pour la crème

2 dl de lait · 2 œufs entiers · 25 g de sucre · 15 g de Maïzena

30 g de poudre d'amandes · 40 g de crème fraîche

1. Allumez le four, thermostat 7. Beurrez un grand plat à tarte. Étendez la pâte au rouleau à pâtisserie et garnissez-en le moule beurré.

2. Pelez les poires, coupez-les en deux, retirez les cœurs et mettez-les dans une grande casserole. Recouvrez-les d'eau, ajoutez le sucre semoule et le sucre vanillé, portez à ébullition 10 minutes.

3. Préparez la crème : faites chauffer le lait.

Dans un bol, fouettez les œufs avec le sucre jusqu'à ce que le mélange blanchisse, ajoutez la Maïzena, versez le lait chaud, tournez sans cesse avec une spatule, reversez la préparation dans une casserole et faites-la épaissir. Ajoutez la poudre d'amandes et la crème fraîche, mélangez, laissez tiédir et versez-la sur la pâte. Disposez les poires.

5. Faites cuire pendant 30 minutes environ.

Tarte au chocolat

Temps de préparation : 30 min / Temps de cuisson : 20 min

Pour 4 personnes

80 g de lait

200 g de crème fraîche liquide · 200 g de chocolat à 53 %

2 œufs · sucre glace

Pour la pâte sablée

voir page 184

1. Préparez la pâte sablée comme il est indiqué page 184.

2. Préparez l'appareil au chocolat : dans une grande casserole, versez le lait avec la crème fraîche et faites chauffer. Hachez grossièrement le chocolat dans une terrine, cassez-y les œufs, versez le lait et la crème fraîche et mélangez bien.

3. Allumez le four, thermostat 7.

4. Étalez la pâte sur le moule beurré, placez-le dans le four 15 minutes. Lorsque la pâte est dorée, sortez-la du four. Laissez tiédir.

5. Versez le mélange au chocolat et replacez la tarte au four 5 minutes. Sortez-la alors du four, elle doit être encore « tremblotante ». Laissez refroidir, couvrez de sucre glace et servez bien frais.

Tarte au fromage blanc et aux fraises des bois

Temps de préparation : 45 min / Temps de cuisson : 20 min

Pour 4 personnes

500 g de fraises des bois
600 g de fromage blanc lissé
200 g de crème fraîche liquide

Pour la pâte sablée

150 g de farine · 75 g de beurre ramolli · 1 jaune d'œuf
1/2 paquet de levure chimique · 1 cuill. à soupe de sucre
semoule · 1 pincée de sel

1. Mélangez la farine avec la levure, versez en fontaine cette farine sur une planche à pâtisserie et formez un puits au centre. Mettez-y le sucre, le beurre bien ramolli et coupé en petites parcelles ainsi que le jaune d'œuf. Malaxez le tout et formez une pâte légèrement sableuse. Ajoutez alors de l'eau jusqu'à ce que vous obteniez une pâte qui ne colle plus aux doigts. Formez une boule, recouvrez-la de film étirable et laissez-la reposer pendant 24 heures si possible.

2. Au moment de l'utiliser, étendez-la avec un rouleau à pâtisserie et farinez-la très légèrement – prenez garde de ne pas la casser car elle est très fragile.

3. Allumez le four, thermostat 9. Beurrez un grand moule à tarte.

4. Étalez la pâte sablée sur le moule beurré et faites cuire pendant 20 minutes environ. Quand la pâte est cuite, laissez-la refroidir.

5. Montez la crème fraîche en une chantilly bien épaisse. Fouettez vigoureusement le fromage blanc. Mélangez les deux appareils en soulevant bien la masse. Placez-la au frais si vous ne l'utilisez pas immédiatement.

6. Au moment de servir, garnissez le fond de tarte de la préparation mousseuse au fromage blanc, disposez en pyramide les fraises des bois et présentez aussitôt à table.

Mon Conseil

L'avantage de cette tarte au fromage blanc est qu'elle peut être préparée en plusieurs étapes. Le fond de pâte est précuit à l'avance et peut être utilisé dans les deux ou trois jours qui suivent sa préparation. Dans ce cas, gardez-le au frais dans du film étirable.

Baba au rhum vieux et à l'ananas confit

Temps de préparation : 1 h 20 / Temps de cuisson : 40 min

Pour 4 personnes

Pour la pâte à baba

100 g de raisins secs · 2 dl de rhum vieux · 80 g de beurre
20 g de levure de boulanger · 2 cuill. à soupe d'eau
200 g de farine tamisée · 25 g de sucre semoule · 4 œufs · sel

Pour le sirop

1 l d'eau · 500 g de sucre semoule · le zeste de 1 citron
le zeste de 1 orange · 1 gousse de vanille · 2 dl de rhum vieux

Pour l'ananas confit

1 bel ananas de Pretoria · 30 g de sirop de sucre de canne

1. Préparez la pâte : faites macérer les raisins secs dans le rhum. Pendant ce temps, délayez la levure dans deux cuillerées à soupe d'eau tiède. Sur une grande surface, en marbre de préférence, disposez la farine en fontaine. Mettez-y le sucre, le sel, deux œufs ainsi que la levure délayée. Remuez bien ce mélange avec une spatule en bois jusqu'à ce qu'il devienne élastique, ajoutez alors encore un œuf, continuez de bien mélanger le tout, ajoutez le dernier œuf puis le beurre ramolli. Lorsque celui-ci est incorporé et que la pâte forme une belle boule bien élastique, égouttez les raisins secs et incorporez-les dans la pâte. Laissez cette pâte reposer 1 heure à température ambiante dans un linge propre.

2. Beurrez l'intérieur de seize petits moules à baba ou bien d'un beau moule à savarin.

3. Préchauffez le four, thermostat 8. Quand la pâte a doublé de volume, versez-la dans les petits moules individuels ou dans le grand moule à savarin. Laissez cuire 12 minutes pour les petits moules (30 minutes pour le grand moule).

4. Au bout de ce temps, démoulez-les sur une grille et laissez-les refroidir.

5. Préparez le sirop : faites chauffer l'eau avec le sucre jusqu'à former un sirop bien épais (à défaut, utilisez du sirop de sucre de canne tout prêt). Ajoutez alors le rhum, mélangez bien et plongez les babas dans ce sirop bouillant jusqu'à ce qu'ils ne forment plus de bulles, égouttez-les sur une grille.

6. Pendant ce temps, préparez l'ananas confit : pelez l'ananas, coupez-le en quatre, retirez éventuellement la partie centrale si elle est dure puis détaillez la chair en petits dés. Faites-les confire sur feu doux dans le sirop de sucre de canne. Lorsqu'ils en sont bien enrobés, laissez-les caraméliser.

7. Servez les babas sur des assiettes individuelles et entourez-les des petits dés d'ananas confit. Si vous avez utilisé un moule à savarin, remplissez le centre de petits dés d'ananas caramélisés.

Cerises chaudes à la pistache

Temps de préparation : 40 min / Temps de cuisson : 30 min

Pour 4 personnes

1 kg de belles cerises du Roussillon bien noires
200 g de pistaches fraîches · 50 g de beurre
50 g de sucre semoule
1 gousse de vanille · glace à la vanille (facultatif)

1. Lavez bien les cerises, égouttez-les, séchez-les dans du papier absorbant. Équeutez-les et mettez-les dans une grande sauteuse. Recouvrez-les d'eau, ajoutez le sucre, fendez la gousse de vanille en deux, grattez les grains qui se trouvent à l'intérieur, mettez-les avec les cerises, faites cuire le tout sur feu très doux pendant 20 minutes environ.

2. Pendant ce temps, concassez les pistaches et réservez-les.

3. Lorsque la soupe est cuite, prélevez les cerises et mettez-les dans un grand plat creux, laissez-les légèrement tiédir.

4. Faites réduire sur feu moyen le jus de cuisson des cerises pour former un sirop un peu épais. Versez-le sur les fruits, parsemez les pistaches concassées et servez cette soupe de cerises tiède ou froide.

5. Vous pouvez l'accompagner de glace à la vanille.

Abricots au lait d'amande

Temps de préparation : 1 h 15 / Temps de cuisson : 20 min

Pour 4 personnes

1 kg d'abricots du Roussillon bien mûrs

2 dl de lait · 100 g de poudre d'amande

50 g de sucre semoule

1 cuill. à café de Maïzena

1. Préparez le lait d'amande : faites tiédir le lait avec la poudre d'amande et le sucre. Laissez infuser pendant 1 heure. Passez ce lait d'amande au chinois, pressez bien pour récupérer tout le suc et versez-le dans une casserole.
2. Faites chauffer de l'eau dans une grande casserole, mettez-y les abricots et faites-les cuire pendant environ 10 minutes. Au bout de ce temps, mettez-les dans une passoire, passez-les rapidement sous l'eau fraîche, pelez-les, coupez-les en deux et retirez leur noyau.
3. Faites chauffer le lait d'amande, ajoutez la Maïzena et laissez cuire jusqu'à ce que le mélange épaississe. Laissez tiédir ou refroidir.
4. Étalez les oreillons d'abricots sur un grand plat de service, recouvrez-les avec le lait d'amande et présentez sur la table avec éventuellement des fruits rouges.

Fraises au vin d'Anjou

Temps de préparation : 30 min / Pas de cuisson
À préparer la veille

———————— *Pour 4 personnes* ————————

1 kg de fraises mara des bois de préférence
ou de gariguettes
1 dl de vin d'Anjou
100 g de sucre

1. La veille, lavez les fraises, équeutez-les et laissez-les mariner dans le vin d'Anjou et le sucre pendant 24 heures.

2. Le lendemain, versez la moitié des fraises et la moitié du jus de macération dans le blender d'un mixeur. Actionnez l'appareil et formez un liquide bien homogène. Mettez cette préparation dans une sorbetière et placez-la dans le congélateur.

3. Lorsque le sorbet aux fraises est « pris » et au moment de servir, disposez les fraises restantes coupées en deux sur des assiettes à entremets ou dans des grands verres à pied, ajoutez une boule du sorbet que vous avez préparé et nappez avec le reste du jus de macération des fraises.

———————— *Mon Conseil* ————————

Mon chef, Laurent Audiot, préparait ces fraises
avec du vin de Bandol, je vous conseille d'essayer
également cette recette avec ce vin de Provence
au parfum si délicat.

Soupe de poires au vin et aux épices

Temps de préparation : 30 min / Temps de cuisson : 15 min

Pour 4 personnes

6 poires bien mûres mais fermes
1/2 l de glace à la vanille

Pour le sirop
4 morceaux de sucre
1 bouteille de bourgueil rouge · 1 gousse de vanille
1/2 cuill. à café de cannelle
2 anis étoilés

1. Préparez le sirop dans lequel les poires vont cuire : mélangez le sucre avec le bourgueil, ajoutez la cannelle et l'anis. Ouvrez la gousse de vanille en deux et grattez les grains qui se trouvent à l'intérieur, mélangez bien le tout, portez sur feu moyen.
2. Épluchez les poires, coupez-les en quatre, éliminez les cœurs et faites-les pocher dans le sirop que vous venez de préparer.

3. Au bout de 8 minutes, elles seront cuites, éteignez le feu, mais maintenez-les dans leur liquide de cuisson et laissez-les macérer pendant 30 minutes.
4. Au moment de servir, prélevez les poires, placez-les sur des assiettes à entremets. Faites réduire le sirop de macération sur feu vif, puis laissez-le tiédir. Versez-le sur les poires et ajoutez une boule de glace à la vanille. Portez aussitôt à table.

Mon Conseil

Cette soupe de poires peut être préparée avec des pêches de vigne, des mirabelles ou encore des quetsches, l'essentiel étant que les fruits rendent du jus.

Faisselles aux fruits rouges

Temps de préparation : 15 min / Pas de cuisson
Temps de réfrigération : 1 h

Pour 4 personnes

4 petits fromages blancs en faisselle
1 dl de crème fraîche liquide
2 cuill. à soupe de sucre glace · 100 g de fraises des bois
100 g de framboises
100 g de myrtilles
4 feuilles de menthe
tuiles aux amandes (facultatif)

1. Faites égoutter les fromages en faisselle sur une grille pendant 15 minutes environ.
2. Versez la crème fraîche dans un grand saladier et fouettez-la en chantilly légère. Ajoutez-y une cuillerée à soupe de sucre glace, vous avez formé une meringue italienne.
3. Lavez les fruits rouges et séchez-les dans du papier absorbant, mettez-en la moitié dans le blender d'un robot électrique. Actionnez l'appareil et formez un coulis, puis passez-le au chinois.

4. Sur des assiettes à entremets, posez les faisselles bien égouttées, entourez-les de fruits rouges et formez quelques volutes de chantilly avec une douille. Saupoudrez le reste de sucre glace, posez une feuille de menthe sur chaque assiette et placez-les dans le réfrigérateur au minimum 1 heure avant de les déguster.
5. Au moment de servir, nappez-les de coulis de fruits rouges et présentez-les à table avec des tuiles aux amandes par exemple.

Mon Conseil

Vous pouvez également napper ces faisselles
de miel liquide d'acacia ou de miel de lavande.

Crème caramel

Temps de préparation : 20 min / Temps de cuisson : 30 min

Pour 4 personnes

5 dl de lait entier · 4 œufs + 1 jaune d'œuf
50 g de sucre en poudre
2 gousses de vanille

Pour le caramel
10 morceaux de sucre

Pour les ramequins
30 g de beurre

1. Préchauffez le four à 200 °C (thermostat 7). Beurrez quatre beaux ramequins.

2. Préparez un caramel : dans une casserole, faites bouillir deux cuillerées à soupe d'eau avec les morceaux de sucre jusqu'à former un caramel brun clair, versez-le dans les ramequins beurrés et inclinez ces derniers dans tous les sens pour bien répartir le caramel sur le fond et les parois. Laissez refroidir.

3. Dans une grande casserole, faites chauffer sur feu doux le lait avec les gousses de vanille fendues en deux. Au bout de 5 minutes de cuisson, prélevez les gousses de vanille, grattez les grains qui se trouvent à l'intérieur et mettez-les dans le lait.

4. Dans un grand saladier, battez les œufs entiers avec le jaune et le sucre jusqu'à ce que le mélange blanchisse. Incorporez le lait en mince filet et remuez sans arrêt avec une spatule en bois. Lorsque la préparation est bien mélangée, filtrez-la à travers un chinois et versez-la dans les ramequins caramélisés.

5. Préparez un bain-marie : versez de l'eau aux 2/3 de la hauteur d'un grand plat allant au four, posez-y les ramequins et enfournez le plat pour 20 minutes environ.

6. Lorsque les crèmes caramel sont légèrement « tremblotantes », sortez-les du four et laissez-les tiédir ou refroidir. Vous pouvez les démouler ou non avant de les servir.

Mon Conseil

Si vous voulez aromatiser ces crèmes caramel avec des zestes de citron ou d'orange, faites-les blanchir avant de les ajouter dans le lait de cuisson.

Index alphabétique

Table des matières

Les légumes et les accompagnements

Les desserts